IT-Grundwissen

Anwendungsorientierte Datenverarbeitung
an beruflichen Gymnasien
Jahrgangsstufen 1/2

◆ **Relationale Datenbanken**
◆ **Tabellenkalkulation**
◆ **Ereignisorientierte Anwendungsentwicklung**

von
Dipl.-Hdl. Wolfgang Braun

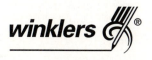

Vorwort

Dieses völlig neu konzipierte Buch wendet sich vor allem an Schüler der Jahrgangsstufen 1 und 2 an beruflichen Gymnasien sowie Schüler in IT-Klassen und an alle, die ihre Grundlagenkenntnisse in Excel, Access und Visual Basic erweitern wollen. Die Inhalte bauen auf dem Grundlagenband „IT-Grundwissen, Datenverarbeitung an beruflichen Gymnasien, Eingangsklasse" (Best.-Nr. 4660) auf.

Und hier der Projektgedanke

Bereits in Band 1 dieser Buchreihe wurde die Berger OHG als ein expandierendes Sportartikelgeschäft vorgestellt, das den traditionellen Geschäftsbereich, nämlich den Handel mit Sportartikeln ausweiten will. Weitere Standbeine des Fachgeschäftes sollen die Bereiche Tourismus, Freizeit und Fitness werden. Zu all diesen Aktivitäten ist es unabdingbar, Lösungen zu entwickeln, die gerade im kaufmännischen Bereich die Instrumente der Tabellenkalkulation, der Datenbankanalyse und der ereignisorientierten Programmierung in den Mittelpunkt der Aufgabenbewältigung stellen.

Zu den einzelnen Kapiteln

Im **ersten Hauptkapitel** „Datenbanken als Informationssysteme" bilden die Schwerpunkte die Datenmodellierung unstrukturiert vorliegender Datenbestände (Normalisierungsprozess) und deren softwareunabhängige grafische Darstellung in Entity-Relationship-Modellen. In mehreren Standardsituationen, aber auch in vielen Test- und Übungsaufgaben werden die Stufen eines „guten" Datenbankdesigns, die Erstellung einer relationalen Datenbank zur Durchführung einer Auftragsverwaltung eines Handelsbetriebes und deren Analyse – z. B. mit Makros – vorgestellt. Am Ende dieses Kapitels steht der Abschlusstest „Vereinsverwaltung" als ganzheitliches Projekt.

Die durchgängige Idee des **zweiten Hauptkapitels** „Probleme in Tabellenform lösen" steht unter dem Leitmotiv: „Analyse kaufmännischer Standardsituationen". WENN-UND-ODER-Anweisungen, Tabellenverweise, Anwendung verschiedener Standardfunktionen, Auswertung mehrerer Tabellen, Makroaufzeichnungen und deren Bearbeitung mit VBA bilden die Schwerpunkte, die anhand von Problemen der Kostenrechnung, Finanzierung, Aufgabenstellungen aus dem betrieblichen Rechnungswesen, … dargestellt werden.

Das **dritte Hauptkapitel** „Grundkonzept der ereignisorientierten Anwendungsentwicklung mit VBA" reicht von „einfachen" linearen Strukturen über Auswahl- und Wiederholungsanweisungen bis hin zur prozeduralen Programmierung. Auch hier kann der Schüler seinen Lernfortschritt anhand vielfältiger Projekte feststellen.

Softwareversionen: Windows XP, Office 2003

Zu diesem Buch ist unter der **Best.-Nr. 1176 eine CD** lieferbar, auf der sich alle Datenbanken, Excel-Tabellen und VBA-Projekte befinden.

Wolfgang Braun

3., überarbeitete Auflage, 2006
© Bildungshaus Schulbuchverlage
Westermann Schroedel Diesterweg
Schöningh Winklers GmbH
Postfach 11 15 52, 64230 Darmstadt
Telefon: 06151 8768-0, Fax: 06151 8768-61
www.winklers.de
Druck: westermann druck GmbH, Braunschweig
ISBN-10: 3-8045-**4688**-9
ISBN-13: 978-3-8045-**4688**-2

Auf verschiedenen Seiten dieses Buches befinden sich Verweise (Links) auf Internet-Adressen. Haftungshinweis: Trotz sorgfältiger inhaltlicher Kontrolle wird die Haftung für die Inhalte der externen Seiten ausgeschlossen. Für den Inhalt dieser externen Seiten sind ausschließlich deren Betreiber verantwortlich. Sollten Sie bei dem angegebenen Inhalt des Anbieters dieser Seite auf kostenpflichtige, illegale oder anstößige Inhalte treffen, so bedauern wir dies ausdrücklich und bitten Sie, uns umgehend per E-Mail davon in Kenntnis zu setzen, damit beim Nachdruck der Verweis gelöscht wird.

Dieses Werk und einzelne Teile daraus sind urheberrechtlich geschützt. Jede Nutzung – außer in den gesetzlich zugelassenen Fällen – ist nur mit vorheriger schriftlicher Einwilligung des Verlages zulässig.

Inhalt

1 Datenbanken als Informationssysteme 5

1.1 Kampf dem Datenchaos 5
1.2 Informationsverarbeitung bei der Berger OHG 5
1.3 Datenbankverwaltung auf einen Blick 6
1.3.1 Ziele der Datenorganisation 7
1.3.2 Datenbankentwurf 8
1.3.3 Datenmodellierung 8
1.4 Datenmodelle 9
1.4.1 Das konzeptionelle Modell der Datenmodellierung 9
1.4.2 Umsetzung des konzeptionellen Modells in ein logisches Datenbankmodell 9
1.4.3 Das relationale Datenbankmodell ... 10
1.4.3.1 Entity-Relationship-Modellierung.... 10
1.4.3.2 Grafische Darstellung in der Entity-Relationship-Modellierung 11
1.4.3.3 Schematische Darstellung wichtiger Beziehungen 13
1.4.3.4 Darstellung von Beziehungen mit der Min-Max-Notation 14
1.4.3.5 Darstellung von Beziehungen mit der Krähenfuß-Notation 14
1.5 Datenmodellierung der Auftragsverwaltung 16
1.5.1 Wichtiges auf einen Blick 20
1.5.2 Datenbankobjekte näher betrachtet . 21
1.6 Eine neue Datenbank entsteht ... 22
1.6.1 Tabellenausschnitte der Datenbank . . 23
1.6.2 Tabellenbeziehungen 23
1.6.3 Datentypen unter die Lupe genommen 24
1.6.4 Integrität: Die Voraussetzung guter Beziehungen 24
1.6.5 Selektion von Datenbeständen 25
1.6.6 Formulare: Schaltzentren von Datenbanken 25
1.6.7 Tests und Aufgaben zur Lernzielkontrolle 28
1.6.7.1 *Test 1:* Das Datenbankdesign muss reiflich überlegt werden 28
1.6.7.2 *Test 2:* Daten in die Normalform bringen 29
1.6.7.3 *Test 3:* Normalisierung von Unterrichtsprojekten 30
1.6.7.4 *Test 4:* Referentielle Integrität herstellen 30
1.6.7.5 *Test 5:* Erstellen eines Entity-Relationship-Diagramms (ERD) 31
1.6.7.6 *Test 6:* Datenbankdesign: Skivermietung 31
1.6.7.7 *Test 7:* Datenbankdesign: Organisation von Tauchkursen 32
1.6.7.8 *Test 8:* Darstellung von Kunden-Händler-Beziehungen 33
1.7 Makros automatisieren Arbeitsvorgänge 33
1.8 Abschlusstest: Vereinsverwaltung 41

2 Probleme in Tabellenform lösen . . 49
2.1 Excel kurz und bündig 49
2.1.1 Von der Idee zur fertigen Arbeitsmappe 49
2.1.2 Nur die richtige Adresse zählt 49
2.1.3 Nennen Sie es beim Namen 50
2.1.4 Ein Bild sagt mehr als tausend Worte 52
2.1.5 Tipps und Tricks 52
2.1.5.1 Ausgabe von Reihen 52
2.1.5.2 Zellbereiche verschieben 53
2.1.5.3 Tabellenoutfit ändern – Spielwiese für Ästheten 54
2.1.5.4 Die Maus sinnvoll nutzen 54
2.1.5.5 Arbeitsmappen erleichtern die Verwaltung 54
2.2 Entscheidungen treffen 55
2.2.1 Einfache WENN-DANN-Funktionen . 55
2.2.1.1 Provisionsberechnung mit relativer Adressierung 56
2.2.1.2 Provisionsberechnung mit gemischter Adressierung 57
2.2.2 Geschachtelte WENN-DANN-Funktionen 58
2.2.2.1 Provisionsberechnung mit mehreren WENN-Anweisungen 58
2.2.2.2 Provisionsberechnung mit WENN-ODER-Anweisungen 60
2.2.2.3 Provisionsberechnung mit WENN-ODER-UND-Anweisungen ... 60
2.2.2.4 Mit Funktionen sinnlose Eingaben vermeiden 61
2.2.2.5 WENN-Funktionen im Überblick ... 62
2.2.3 Tests und Übungsaufgaben zur Lernzielkontrolle 62
2.2.3.1 Aktiendepotverwaltung 62
2.2.3.2 Wer nicht zahlt, bekommt Ärger.... 63
2.2.3.3 Wer nicht zahlt, bekommt massiven Ärger 63
2.2.3.4 Prämien- und Gehaltsberechnung... 64

2.2.3.5	Umsatzauswertungen mit mehreren Bedingungen	65
2.2.3.6	Bonusberechnung	65
2.2.3.7	Angebotsvergleich	66
2.3	**Ergebnisse analysieren**	**67**
2.3.1	Verknüpfte Tabellen auswerten	67
2.3.2	Tabellenauswertung mit der Funktion SVERWEIS	69
2.3.3	Projekt: Vom Lieferschein zur Rechnungsstellung	71
2.3.4	Wenn das Ergebnis feststeht: die Zielwertsuche	76
2.3.5	Tests und Übungsaufgaben zur Lernzielkontrolle	78
2.3.5.1	Mietwagenkonditionen für einen Pkw	78
2.3.5.2	Mietwagenkonditionen für Campingfahrzeuge im Vergleich	79
2.3.5.3	Mit spitzem Bleistift kalkulieren	80
2.3.5.4	Zahlungseingänge kontrollieren	81
2.3.5.5	Fleiß wird belohnt: Provisionsberechnung	81
2.3.5.6	Angebotsvergleich mit quantitativen und qualitativen Kriterien	82
2.3.5.7	Flug- und Mietwagenangebote für Urlaub in Florida	86
2.3.5.8	Reparaturaufträge müssen schnell erledigt werden	86
2.3.5.9	Beitragsverwaltung	88
2.3.5.10	Datenanalyse	89
2.4	**Lösung kaufmännischer Standardsituationen – Aufgabensammlung mit Lösungshinweisen**	**90**
2.4.1	Themenkreis 1: Finanzierung	90
2.4.1.1	Tilgung von Annuitätendarlehen	90
2.4.2	Themenkreis 2: Gewinnverteilung der OHG	98
2.4.3	Themenkreis 3: Analyse der Kostenstrukturen	101
2.4.3.1	Ermittlung des Break-even-Points	102
2.4.3.2	Kostenkontrolle mit Eingabe-Dialogelementen	103
2.4.3.3	Kosten verursachungsgemäß verteilen	104
2.4.3.4	Verkaufskalkulation – Vergleich dreier Angebote	105
2.4.3.5	Kosten scharf kalkulieren: Kostenträgerstückrechnung	107
2.4.3.6	Den Wertverlust ermitteln: Abschreibungen mit Funktionen berechnen	109
2.5	**Arbeiten automatisieren**	**111**
2.5.1	Erstellung von Makros und Zuweisung an Steuerelemente	111
2.5.2	Test- und Übungsaufgaben mit Lösungshinweisen	113
2.5.3	Makroaufzeichnungen mit VBA bearbeiten	116
3	**Grundkonzept der ereignisorientierten Anwendungsentwicklung mit VBA**	**119**
3.1	**Arbeiten mit Objekten, Methoden und Eigenschaften**	**119**
3.2	**Excel mit VBA-Standard-Dialogelementen verbinden**	**122**
3.3	**Excel mit benutzerdefinierten Dialogelementen verbinden**	**125**
3.3.1	Ermittlung der Selbstkosten in der VBA-UserForm	125
3.3.2	Beispiel für lineare Ablaufstrukturen	130
3.3.3	Entscheidungs- bzw. Auswahlstrukturen	132
3.3.3.1	Beispiel einer einseitigen Entscheidungsstruktur	132
3.3.3.2	Beispiel einer mehrseitigen Entscheidungsstruktur	133
3.3.3.3	Mehrfachauswahl mit dem SELECT-CASE-Statement	136
3.3.4	Wiederholungen im Programm steuern	139
3.3.4.1	Probleme lösen mit der abweisenden Schleife DO WHILE-LOOP	140
3.3.4.2	Probleme lösen mit der nicht abweisenden Schleife DO-LOOP UNTIL	141
3.3.4.3	Probleme lösen mit der Zählerschleife FOR-NEXT	144
3.3.5	Daten in Prozedurform verwalten: Unterprogrammtechnik	148
3.3.5.1	Parameterlose Prozeduren	149
3.3.5.2	Prozeduren mit Werteparametern	151
3.3.5.3	Prozeduren mit Variablenübergabe	152
3.3.5.4	Referenz- und Wertübergabe	154
3.3.5.5	Arbeiten mit Funktionsprozeduren	155
3.3.6	Tests und Aufgaben zur Lernzielkontrolle	156
3.4	**Unterprogramme greifen auf Excel-Tabelleninhalte zu**	**158**
3.5	**Excel um benutzerdefinierte Funktionen ergänzen**	**161**
3.5.1	Funktionen allen Arbeitsmappen zur Verfügung stellen	163
3.5.2	Einbinden des Add-Ins	163
3.5.3	Funktionen und Prozeduren im gemeinsamen Einsatz	164
4	**Projekt: Handelskalkulation**	**166**
5	**Anhang**	**171**

1 Datenbanken als Informationssysteme

1.1 Kampf dem Datenchaos

Auf einen Blick

Informationen zu sammeln, **abzulegen**, **wiederzufinden** und nach verschiedenen Kriterien **auszuwerten**, ist eine wesentliche Tätigkeit im Beruf, aber auch im Privatleben. Recherchetechniken wie das gezielte Durchforsten von Menübäumen bzw. Hyperlinks sowie die effektive Formulierung von Abfragen bekommen in bestimmten Bereichen die Bedeutung von Kulturtechniken wie Lesen, Schreiben und Rechnen.

Um die immer weiter anwachsende Informationsflut in den Griff zu bekommen, werden vermehrt **Datenbanken** zur Verwaltung der Informationen eingesetzt.

Durch unkontrolliert wachsende Datenbestände ist jedoch in bestimmten Bereichen ein Datenchaos entstanden, von dem Herr Berger, OHG-Gesellschafter des Sportartikelhauses in Rastatt, ein Lied singen kann. Oft wird dieses Datenchaos durch die eigenständige isolierte Datenhaltung für einzelne Anwendungen verursacht. So kommt es häufig vor, dass Kundendaten für unterschiedliche Anwendungen jeweils neu gespeichert werden, z. B. für Abrechnungen, für die Zusendung von Werbematerial, für Service und Beratung.

Mit der Mehrfachspeicherung gleicher Informationen (Redundanz) wird nicht nur Speicherplatz verschwendet, sondern sie führt auch dazu, dass die Informationsverarbeitung nicht effizient genug ist (mehrfache Datenpflege ist notwendig). Die schwerwiegendsten Fehler können aber auch dadurch entstehen, dass bei Mehrfachspeicherung der Daten unterschiedliche Änderungen in den einzelnen Anwendungen vorgenommen werden; dadurch sind die Daten nicht mehr widerspruchsfrei. Was sich anhört wie eine Erzählung aus längst vergangenen Zeiten der Informationstechnik, ist in vielen Organisationen, so auch bei der Berger OHG, bittere Realität.

1.2 Informationsverarbeitung bei der Berger OHG

Bereits im ersten Band der Reihe „IT-Grundwissen: Datenverarbeitung an beruflichen Gymnasien Klasse 11 (Eingangsklasse)" wurde die Berger OHG, ein Sportartikelhändler und Versandhaus in Rastatt, vorgestellt.

Stichwortartig zusammengefasst gilt:

Die Berger OHG erkennt die Zeichen der Zeit. Ihre Geschäftspolitik trägt dem gesellschaftlichen Trend einer zunehmenden Kommerzialisierung von Freizeitaktivitäten Rechnung. Hierzu gehört die Ausweitung des bestehenden Sportartikelgeschäftes um Geschäftsbereiche wie Fitnesssport, Touristik, Erlebnissport, Sportrehabilitation, aber auch Mode, Sportartikelverleih und Entertainment.

In allen Abteilungen der OHG sind bereits mit Erfolg Textverarbeitungs-, Tabellenkalkulations-, Kommunikations- und Datenbankprogramme im Einsatz. Gerade im Bereich der Tabellenkalkulation und Datenbankanwendungen besteht jedoch noch ein großer Bedarf, die bisherigen Anwendungen zu optimieren. Bisher wurde z. B. gänzlich darauf verzichtet, die Möglichkeit der Programme zu nutzen Vorgänge zu automatisieren.

Somit gilt es, zuerst die Datenbankanwendungen und danach das Arbeiten mit dem Tabellenkalkulationsprogramm in diesem Buch vorzustellen.

1.3 Datenbankverwaltung auf einen Blick

Ein **Datenbankmanagementsystem (DBMS)** übernimmt die zentrale Verwaltungs- und Kontrollfunktion der Datenbank(en). Es stellt Funktionalitäten zur Organisation und Bearbeitung (Lesen, Ändern, Einfügen, Löschen, … von Daten) zur Verfügung. Eine **Datenbank** besteht somit aus einer Sammlung von inhaltlich (logisch) zusammengehörenden Daten. Dies umfasst eigentliche Nutzdaten sowie Daten zur Verwaltung und Steuerung des Systems.

Grundlegende Aufgaben

1. Durchführung der Datenspeicherung
2. Durchführung der Datenmanipulation (Arbeiten mit der Datenbank)
3. Gewährleistung des Zugriffs auf die Daten je nach Berechtigung
4. Optimale Ausnutzung des vorhandenen Speichers
5. Gewährleistung der Datensicherheit und des Datenschutzes

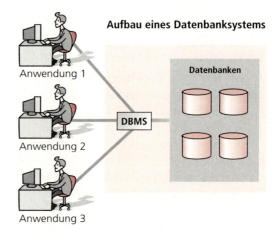

Aufbau eines Datenbanksystems

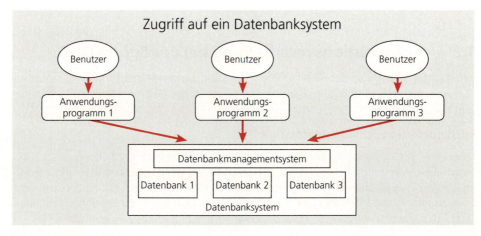

Datenbankverwaltung auf einen Blick

Wichtige Begriffe zur Wiederholung

- Unter einem **Datenbanksystem** versteht man die Zusammenfassung der Komponenten Datenbank und Datenbankmanagementsystem (DBMS).
- Unter einer **Datenbank** versteht man eine Menge von logisch zusammengehörenden Daten, die zur Deckung des Informationsbedarfes verschiedener Benutzer durch ein automatisiertes Datenverarbeitungssystem unter Berücksichtigung der logischen Beziehungen verwaltet werden.
- Unter einem **Datenbankmanagementsystem** versteht man ein Softwaresystem zur Unterstützung einer Datenbank, das die Grundfunktionen der Verwaltung von Daten und Datenspezifikationen (logische und physische Datenstrukturen bzw. -modelle) für alle Benutzer einer Datenbank realisiert.

1.3.1 Ziele der Datenorganisation

Unter dem Begriff Datenorganisation werden alle Verfahren zusammengefasst, die dazu dienen, Daten zu **strukturieren**, auf Datenträgern zu **speichern** (schreibender Zugriff) und für den lesenden Zugriff verfügbar zu halten.

Ziele der Datenorganisation sind u. a.:

1. Datenunabhängigkeit
- **Unabhängigkeit vom Anwendungsprogramm:** Die Daten sind anwendungsneutral gespeichert, d. h. unabhängig vom erzeugenden oder benutzten Anwendungsprogramm.
- **Unabhängigkeit der logischen von der physischen Datenorganisation:** Der Benutzer muss nur die Datenstrukturen kennen. Methoden zum Suchen, Ändern, Einfügen und Löschen von Datensätzen werden vom Datenbankmanagementsystem zur Verfügung gestellt.
- **Physische Datenunabhängigkeit:** Das Datenbankverwaltungssystem steuert und überwacht (im Zusammenspiel mit dem Betriebssystem) die peripheren Geräte.

2. Mehrfachzugriff

Jeder, der autorisiert ist, darf im Mehrnutzerbetrieb auf die gespeicherten Daten zugreifen.

3. Datenschutz

Die Daten sind vor unbefugtem Zugriff zu schützen. Typische Fragen sind:
- Ist der Teilnehmer überhaupt zugriffsberechtigt?
- Ist der Teilnehmer nur zu bestimmten Daten zugriffsberechtigt?
- Ist der Teilnehmer nur zu Abfragen oder auch zu Änderungen berechtigt?

4. Datensicherheit

Die Daten müssen gegen Programmfehler und Hardwareausfälle gesichert sein. Das Datenbanksystem soll nach Störungsfällen den korrekten Zustand wiederherstellen (recovery). Die Speicherung langlebiger Daten wird in diesem Zusammenhang als **Datenpersistenz** bezeichnet.

5. Datenintegrität

Die Daten müssen vollständig, korrekt und widerspruchsfrei sein. Beispielsweise muss jeder Wert eines Fremdschlüssels in einem verknüpften Primärschlüssel auch als Wert im entsprechenden Primärschlüssel vorkommen (referentielle Integrität). Daten, die redundant gespeichert sind, müssen dasselbe aussagen (Datenkonsistenz).

6. Redundanzfreiheit

Jedes Datenelement sollte möglichst nur einmal gespeichert werden. Die „alten" Fehler sollten vermieden werden, dass z. B. die Kundenanschrift gleichzeitig bei der Auftragsbearbeitung, der Fakturierung und der Debitorenbuchhaltung gespeichert wird.

1.3.2 Datenbankentwurf

Beim **Datenbankentwurf** legt man die Struktur der abspeicherbaren Datenobjekte fest. Es entsteht ein **Datenbankschema**. Die **Modellierung der Daten** wird dabei in zwei Schritten durchgeführt. Im ersten Schritt werden rein **konzeptionell** die Entitätsmengen und die Beziehungstypen zwischen den Entitäten festgelegt, die in der Datenbank festgehalten werden sollen. In einem zweiten Schritt werden dann Entitätsmengen und Beziehungstypen in **Relationen** umgewandelt, doch davon gleich mehr!

1.3.3 Datenmodellierung

Auf einen Blick

Datenbanken versuchen Elemente der realen Welt in strukturierter Form abzubilden. Hierzu muss der Informationsbedarf des Benutzers ermittelt werden. Es muss herausgefunden werden, welche Informationen das Datenbanksystem liefern soll (Output) und welche Informationen dafür bereitzustellen sind (Input). Aus dieser Analyse ergibt sich die Informationsstruktur. Der Input bildet später die Datenbasis der Datenbank, z. B. Daten über Schüler bzw. Lehrer, der Output die zu erzielenden Ergebnisse, die Benutzersichten, z. B. in Form von Berichten und Formularen (Darstellungsobjekte wie z. B. Schülererfassungsmasken, Klassenlisten, Zeugnisse).

Betrachtet man die Miniwelt „Schule", erkennt man gewisse **Objekte** und **Objektmengen**, wie das Fach *Informatik*, einen Schüler namens *Unlust*, einen Lehrer namens *Holler*, einen Schulleiter namens *Dick*, einen Klassensprecher namens *Vorlaut*, einen Raum mit der Nummer *012*. Für Objekt wird auch der Begriff **Entität** verwendet; ent-

Datenmodelle

sprechend für Objektmenge der Begriff **Entitätsmenge**. Zwischen Objekten bestehen **Beziehungen**. Um zu einem **Datenmodell** zu gelangen, stellt man Objekte und Beziehungen mit gleichartigen Attributen zu Typen zusammen. Jeder Objekt- und Beziehungstyp definiert bestimmte **Eigenschaften** (Merkmale, Attribute). Die Attribute des Objekttyps „Lehrer" sind z. B.: Personalnummer, Nachname, Vorname, … Für den Objekttyp „Klasse" lassen sich z. B. folgende Eigenschaften feststellen: Klassenbezeichnung, Klassensprecher, Ausbildungsrichtung, …

1.4 Datenmodelle

Alles auf einen Blick

Das Datenmodell ist eine sprachliche Beschreibung der Datenelemente einer real existierenden Welt eines Informationssystems. Man unterscheidet zwischen der

a) **konzeptionellen Datenmodellierung** als formale Beschreibung der Datenstrukturen,
b) **logischen Datenmodellierung** als formale Beschreibung der Datenstrukturen unter Verwendung des jeweiligen Datenbankmodells,
c) **physischen Datenmodellierung** als Überführung des logischen Datenmodells in das jeweilige Datenbanksystem.

1.4.1 Das konzeptionelle Modell der Datenmodellierung

Gegenstand des Konzeptes sind Objekte mit ihren Eigenschaften und die Beziehungen zwischen den Objekten, wobei man sich oft grafischer Hilfsmittel wie z. B. des **Entity-Relationship-Modells** bedient. Dieses Datenmodell wird mit keinerlei Blick auf die Programmierung erstellt, es ist einzig und allein die Umsetzung der realen Welt auf die Ebene der Datenverarbeitung. Programmtechnische Überlegungen haben an dieser Stelle nichts zu suchen.

1.4.2 Umsetzung des konzeptionellen Modells in ein logisches Datenbankmodell

Je nach dem verwendeten Datenbankverwaltungssystem kommen dafür zz. in Betracht:

1. das hierarchische Modell,
2. das Netzwerkmodell,
3. das relationale Modell.

Die ersten beiden Modelle sind nicht Gegenstand dieses Buches.

1.4.3 Das relationale Datenbankmodell

1.4.3.1 Entity-Relationship-Modellierung

Zur Modellierung der in einer Datenbank zu speichernden Daten wird in der Definitionsphase i. d. R. die Entity-Relationship-Modellierung (ER-Modellierung) eingesetzt, die bereits 1976 von P. Cheng entwickelt wurde.

Das Modell besteht aus den folgenden Elementen:

| 1. Entitäten (Entities) | 2. Attribute | 3. Beziehungen |

Wichtiges auf einen Blick

Die **Entität** ist ein konkretes, eindeutig identifizierbares Objekt bzw. Exemplar von Dingen, Personen oder Begriffen der realen oder der Vorstellungswelt, das in Beziehung zu anderen Entitäten steht, für das einzelne ausgewählte oder alle relevanten Merkmale bzw. **Attribute** festzuhalten sind.

Nebenstehende Attribute beschreiben die Eigenschaften der Entität „Person".

Beispiele

Reales Objekt	Fußball, Raum 7, Drucker, Person, …
Ereignis	Zahlung, Mahnung, Kündigung, …
Vorstellungswelt (abstraktes Objekt)	Dienstleistung, Zahlungsart, …

Die Entität ist Mitglied einer Gruppe, deren Mitglieder alle strukturell gleich sind, d. h. die gleichen Merkmale (Attribute) haben, sich aber in der konkreten Ausprägung unterscheiden. Diese Gruppe wird als **Entitätstyp** bezeichnet.

Der Lieferant Pohl ist ein konkretes, individuell identifizierbares Objekt, über das Informationen abgespeichert werden müssen. Er gehört vielleicht zur Gruppe der Großhändler. Man kann auch sagen, er ist vom Entitätstyp der Lieferanten. Alle Informationen, die über Lieferanten abgespeichert werden, müssen von der Struktur her gleich sein.

Attribute beschreiben die Entitäten. So besteht z. B. die Entität „Mitarbeiter" aus den Attributen: *Mitarbeiternummer, Vorname, Nachname, Anschrift, Steuerklasse, …*

Neben den rein beschreibenden Attributen sind **identifizierende Attribute** (z. B. *Kundennummer, Kursnummer, …*) von entscheidender Bedeutung. Jeder Wert eines identifizierenden Attributs darf maximal einmal auftreten. Durch diese Attribute kann eine Entität innerhalb eines **Entitätstyps** eindeutig identifiziert werden. Solche Attribute übernehmen die Aufgabe eines **Schlüssels** (Key).

Die relativ abstrakte Sprache der Begriffe soll an einem Beispiel veranschaulicht werden.

Datenmodelle

Entities sind **Objekte** wie zum Beispiel ein Auto, das durch seine **Eigenschaften** beschrieben wird: Dieselmotor, fünf Türen, 180 km/h Höchstgeschwindigkeit. Um nicht nur ein bestimmtes Auto, sondern mehrere Autotypen mit verschiedenen Motoren und Geschwindigkeiten zu modellieren, werden die Entities typisiert. Der **Entity-Typ** Auto lässt sich z. B. durch die **Attribute** *Hersteller, Modell-Nr., Modell* und *Motortyp* beschreiben. Der Entity-Typ „Hersteller" lässt sich z. B. durch die Attribute *Auto, Name* und *Standort* beschreiben. Der **Wertebereich** des Attributs *Hersteller* reicht von Audi, BMW, Ford, Mercedes, Opel, ... Für das Attribut *Motortyp* sind als Wertbereich Motortypen wie Diesel-, Benzin- oder Elektromotoren denkbar. Die Felder *Hersteller* (Hersteller-Nr.) und *Auto* (Modell-Nr.) sind die jeweiligen **Schlüssel** der beiden Tabellen.

Beziehungstypen (Relationships)

Dass Beziehungen im Alltags- und Berufsleben eine wichtige Rolle spielen, „pfeifen die Spatzen von den Dächern". In der Datenbanktheorie gilt:

> **Eine Beziehung beschreibt mögliche Zusammenhänge zu Entitätstypen.**

Doch vorab gilt es, dem Sprachenwirrwarr der Begriffe ein Ende zu erteilen: Es gelten folgende Synonyme:

Entität	entity	Objekt
Entitätsmenge	entity set	Entitätstyp
Beziehung	relationship	
Assoziation	relationship set	Beziehungstyp
Attribut	Spalte einer Tabelle	property (Eigenschaft)

1.4.3.2 Grafische Darstellung in der Entity-Relationship-Modellierung

Entity

Entities

Entity-Relation

Entity-Relationship

Ein **Entitytyp** wird durch ein Rechteck dargestellt. Darin steht der Name der Entität. Die Wechselwirkungen und Abhängigkeiten zwischen Entitäten werden durch Beziehungen, in der Fachsprache auch als **Assoziation** bezeichnet. Beziehungen werden durch Rauten dargestellt. In einer Raute steht der Name der Beziehung. Als Name sollte ein Verb gewählt werden.

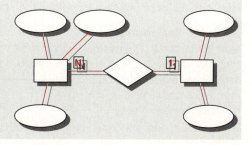

Folgende Beziehungskonstellationen (Assoziationstypen) zwischen zwei Objekten sind von Bedeutung:

Die 1:1-Beziehung
Eins zu eins: Zu jedem Objekt A wird genau ein Objekt in B zugeordnet und umgekehrt.

Hier gilt: Ein Händler bildet einen Azubi aus. Ein Azubi lernt genau bei diesem Händler.

Es gibt auch Entitäten, zwischen denen eine Beziehung stehen **kann, aber nicht muss.** Dort, wo die Beziehung optional ist, wird ein „o" oder ein „c" geschrieben.

> **Wichtig**
> Eine Beziehung ist optional (conditional), wenn sie auch den Wert „null" haben kann.

Die 1:C-Beziehung (C = steht für *conditional*)
Eins zu keinem oder einem

Hier gilt: Entweder bildet der Händler einen oder keinen Azubi aus.

Die 1:N-Beziehung
Eins zu einem oder mehreren.
Die 1:N-Beziehung ist der häufigste Beziehungstyp.

Hier gilt: Ein Händler kann einen oder mehrere Azubis ausbilden. Umgekehrt gilt: Ein oder mehrere Azubis werden genau von einem Händler ausgebildet.

Die 1:NC-Beziehung
Eins zu keinem, einem oder mehrere

Hier gilt: Ein Händler bildet keinen, einen oder mehrere Azubis aus.

Die N:M-Beziehung
Eine oder mehrere Entitäten aus A stehen einer oder mehreren Entitäten aus B gegenüber und umgekehrt.

Hier gilt: Ein oder mehrere Händler bilden einen oder mehrere Azubis aus.

Die N:MC-Beziehung
Jeder Entität aus A stehen keine, eine oder mehrere Entitäten in B gegenüber. Zu jeder Entität aus B muss es jedoch N Entitäten, d. h. mindestens eine in A geben.

Hier gilt: Ein oder mehrere Händler bilden keinen, einen oder mehrere Azubis aus.

Datenmodelle

Die N:C-Beziehung
Einer oder mehrere zu einem oder keinem

Hier gilt: Ein oder mehrere Händler bilden einen oder überhaupt keinen Azubi aus.

Die C:C-Beziehung
Einer oder keiner zu einem oder keinem

Hier gilt: Lediglich ein Händler oder auch gar keiner bildet einen einzigen oder auch gar keinen Azubi aus.

Die NC:MC-Beziehung
Einer oder keiner zu einem oder keinem

Hier gilt: Ein oder kein Händler bildet einen oder keinen Azubi aus.

Somit gilt zusammengefasst

1 bedeutet: einfache Assoziation	*genau ein*, z. B. jede Person besitzt genau ein Auto.
C bedeutet: konditionelle Assoziation	*kein* oder *ein*, z. B. eine Person kann ein oder kein Auto besitzen. (c = 0/1)
M bedeutet: multiple Assoziation	*ein* oder *mehrere*, z. B. jede Person besitzt mindestens ein Auto, manche mehrere.
MC bedeutet: multiple-conditionelle Assoziation	*kein, ein* oder *mehrere*, z. B. jede Person kann Autos besitzen – manche mehrere – einige jedoch keines.

1.4.3.3 Schematische Darstellung wichtiger Beziehungen

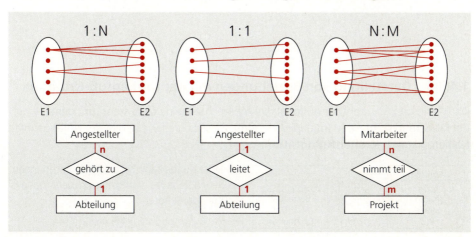

1.4.3.4 Darstellung von Beziehungen mit der Min-Max-Notation

Bei der Verwendung der Funktionalität ist für einen Entity-Typen nur die maximale Anzahl der Beziehungen mit einem Relationship-Typen relevant. Falls diese Anzahl größer als eins ist, wird sie, ohne genauere Aussagen zu machen, als n oder m (d. h. beliebig viele) gesetzt.

Die **(Min-Max-)Notation** erlaubt die Festlegung präziser Unter- und Obergrenzen. Es wird also auch die minimale Anzahl der Beziehungen angegeben.

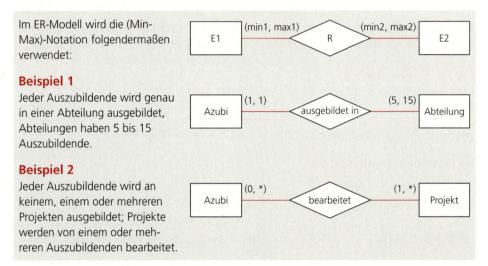

Im ER-Modell wird die (Min-Max)-Notation folgendermaßen verwendet:

Beispiel 1
Jeder Auszubildende wird genau in einer Abteilung ausgebildet, Abteilungen haben 5 bis 15 Auszubildende.

Beispiel 2
Jeder Auszubildende wird an keinem, einem oder mehreren Projekten ausgebildet; Projekte werden von einem oder mehreren Auszubildenden bearbeitet.

Die Min-Max-Notation erlaubt genaue Angaben über die Kardinalitäten. Nur wenn noch keine genauen Angaben gemacht werden können, sollte mit der 1:N-Notation gearbeitet werden.

1.4.3.5 Darstellung von Beziehungen mit der Krähenfuß-Notation

Der kleine Kreis (o) steht für optional, die senkrechte kleine Linie steht für „genau eins", der Krähenfuß steht für M (multiple/mehrere). Diese Schreibweise gibt der Notation ihren Namen, nämlich **Krähenfußnotation**.

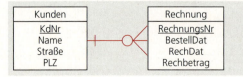

Jeder Kunde kann beliebig viele Rechnungen haben. Jede Rechnung muss zu genau einem Kunden gehören.

Datenmodelle

Mögliche Optionalitäten bei 1:1-Beziehungen

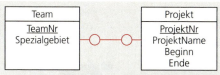

Jedes Team kann an maximal einem Projekt arbeiten, an jedem Projekt arbeitet maximal ein Team.

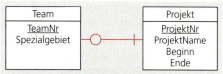

Jedes Team arbeitet an genau einem Projekt und an jedem Projekt arbeitet maximal ein Team.

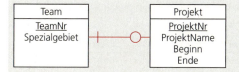

Jedes Team kann an höchstens einem Projekt arbeiten und an jedem Projekt arbeitet genau ein Team.

Mögliche Optionalitäten bei 1:N-Beziehungen

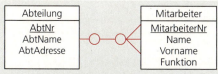

Jede Abteilung kann beliebig viele Mitarbeiter haben, jeder Mitarbeiter kann zu maximal einer Abteilung gehören.

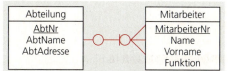

Jede Abteilung muss mindestens einen Mitarbeiter haben, jeder Mitarbeiter kann zu maximal einer Abteilung gehören.

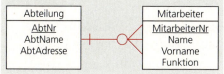

Jede Abteilung kann beliebig viele Mitarbeiter haben; jeder Mitarbeiter muss genau zu einer Abteilung gehören.

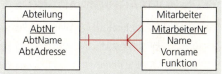

Jede Abteilung muss mindestens einen Mitarbeiter haben; jeder Mitarbeiter muss zu genau einer Abteilung gehören.

Mögliche Optionalitäten bei M:N-Beziehungen

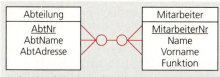

Jede Abteilung kann beliebig viele Mitarbeiter haben, jeder Mitarbeiter kann zu beliebig vielen Abteilungen gehören.

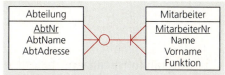

Jede Abteilung muss mindestens einen Mitarbeiter haben, jeder Mitarbeiter kann beliebig vielen Abteilungen angehören.

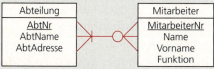

Jede Abteilung kann beliebig viele Mitarbeiter haben, jeder Mitarbeiter muss zu mindestens einer Abteilung gehören.

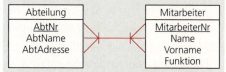

Jede Abteilung muss mindestens einen Mitarbeiter haben, jeder Mitarbeiter muss zu mindestens einer Abteilung gehören.

1.5 Datenmodellierung der Auftragsverwaltung

Sachverhalt

Die Vertriebsmitarbeiterin der Firma Berger OHG, Frau Lustig, hat den Kundenauftrag der Firma Intersport GmbH zu bearbeiten. Der Auftrag liegt in Form nebenstehender schriftlicher Bestellung vor.

PROBLEMSTELLUNG

Das Sportartikelversandhaus *Berger OHG* in Rastatt will seine Kunden- und Auftragsverwaltung mit Access organisieren. Ausgangspunkt ist eine **„chaotische"** Tabelle.

Tabelle AUFTRAGSVERWALTUNG

AuftrDat	Artikel	Menge	Preis	Umsatz	Kunde
12.10.20..	A0040 Skiwachs	10	3,60	36,00	Intersport, 76437 Rastatt, Murgweg 3
12.10.20..	A0060 Surfbrett	10	600,90	6.009,00	Intersport, 76436 Rastatt, Murgweg 3
18.10.20..	A0070 Skateboard	30	99,90	2.997,00	Froh OHG, 12345 Irgendwo, Bachstr. 6
usw.					

In obiger Tabelle ergeben sich folgende Probleme:

1. Mehrere gleiche Einträge führen zu unnötigen Wiederholungen **(Datenredundanzen).** So ist z. B. die Adresse der Firma Intersport mehrfach gespeichert, was weitere Probleme zur Folge hat.
2. Welche PLZ stimmt? 76437 oder 76436? Diese unterschiedlichen Angaben führen zu **Dateninkonsistenzen.**
3. Was ist, wenn ein Kunde hinzugefügt werden soll? In obiger Tabelle kann dies nur dann geschehen, wenn er einen Sportartikel kauft. Ansonsten entsteht eine unvollständige Zeile = **Einfügeanomalie.**
4. Im Gegensatz zu Punkt 3 gehen dann Informationen über die Kundenanschrift verloren, wenn der Auftrag eines Kunden gelöscht wird = **Löschanomalie.**
5. Ferner ergeben sich Probleme, wenn ein Kunde seinen Firmensitz in einen anderen Ort verlegt. Hier sind Änderungen in Datensätzen vorzunehmen, was u. U. zu **Änderungsanomalien** führen kann.

Datenmodellierung der Auftragsverwaltung

Folge: Die Tabelle muss optimiert werden. Es gilt also, die „chaotische" Tabelle in die jeweiligen **Normalformen** zu überführen.

Wichtig

Unter Normalisierung wird der Prozess verstanden, der komplexe Beziehungen der Realität in einfache, widerspruchs- und anomalienfreie Relationen überführt. Wesentliche Ziele sind: Vermeidung von Anomalien, Eliminierung von Redundanzen und Aufbau eines verständlichen Datenmodells.

Regel zur Stufe 1 der Normalform

Eine Relation befindet sich in der 1. Normalform, wenn alle Attribute nur einfache Attributwerte aufweisen.

Tabelle AUFTRAG in der 1. Normalform

AuftrNr	AuftrPos	AuftrDat	ArtNr	ArtBez	AuftrPreis	AuftrMenge	Umsatz	KdNr
A01-20	1	12.10.20..	A0040	Skiwachs	3,60	10	36,00	K1030
A01-20	2	12.10.20..	A0060	Surfbrett	600,90	10	6.009,00	K1030
A02-20	1	18.10.20..	A0070	Skateboard	99,90	30	2.997,00	K1080

Name	Straße	PLZ	Ort
Intersport	Murgweg 3	76437	Rastatt
Intersport	Murgweg 3	76437	Rastatt
Froh OHG	Am Bach 5	12345	Irgendwo

In der 1. Normalform gibt es nur noch einen einzigen Wert pro Datenfeld. Das Feld *AuftrNr* wurde u.a. deshalb eingefügt, um alle Datensätze eindeutig zu identifizieren. Wenn sich die Elemente in einem solchen Feld nicht wiederholen dürfen (dies trifft hier noch nicht zu), spricht man von einem **Primärschlüssel.** Somit ist die Frage zu beantworten, ob jedes Merkmal unmittelbar vom Schlüssel abhängt.

Da die Artikelnummer sicher nicht von der Auftragsnummer abhängt, kann obige Lösung nicht akzeptiert werden. Ein weiterer Nachteil dieser Zwischenlösung liegt darin, dass immer dann, wenn z.B. ein anderer Kunde das gleiche Surfbrett bestellt, dieser Artikel jeweils mit Bezeichnung und Preis usw. neu eingegeben werden müsste. Dies kostet Platz, Zeit und der „Tippfehlerteufel" wartet bereits. Somit gilt es, die 2. Normalform herzustellen.

Regel zur Stufe 2 der Normalform

Eine Relation befindet sich in der 2. Normalform, wenn sie schon in der 1. Normalform vorliegt. Hierbei müssen alle nicht zum Schlüssel gehörenden Attribute von diesem voll funktional abhängig sein. Besteht ein Schlüssel aus mehreren Teilschlüsseln, so ist das Element aus dem Datensatz herauszuziehen, das nur von einem Teilschlüssel abhängt. Anders ausgedrückt: Jedes Nicht-Schlüsselfeld muss durch ein Schlüsselfeld identifizierbar sein.

Entfernt man obige unkorrekten Abhängigkeiten, so ergibt sich folgende **Zwischenlösung**:

Tabellen in der 2. Normalform

Tabelle: AUFTRAG

AuftrNr	KdNr	AuftrDat	Name	Straße	PLZ	Ort
A01-20	K1030	12.10.20..	Intersport	Murgweg 3	76437	Rastatt
A01-20	K1030	12.10.20..	Intersport	Murgweg 3	76437	Rastatt
A02-20	K1080	18.10.20..	Froh OHG	Am Bach 5	12345	Irgendwo

Tabelle: AUFTRAGSPOS

AuftrNr	AuftrPos	ArtNr	ArtBez	AuftrMenge	AuftrPreis	Umsatz
A01-20	1	A0040	Skiwachs	10	3,60	36,00
A01-20	2	A0060	Surfbrett	10	600,90	6.009,00
A02-20	1	A0070	Skateboard	30	99,90	2.997,00

Alle Informationen, die nicht direkt mit den einzelnen Bestellungen zu tun haben, wurden in separate Tabellen ausgegliedert. Es können aber immer noch Anomalien auftreten, da z. B. Kundennamen in der Tabelle AUFTRAG mehrfach zu nennen sind. Dasselbe gilt u. a. für die Postleitzahlen und Orte. Müssten also z. B. Kundennamen oder Artikelbezeichnungen geändert werden, so müsste die Änderung in mehreren Datensätzen erfolgen, woraus folgt, dass das Redundanz- und Anomalienproblem noch nicht vollständig gelöst ist. Ferner sind z. B. in der Tabelle AUFTRAG Kundenadressen nicht direkt abhängig von der Auftragsnummer. Es liegen noch immer **transitive Abhängigkeiten** vor. Letztendlich zu falschen Ergebnissen führen solche Abhängigkeiten in der Tabelle Auftragsposition. Der Umsatz ist nicht von der Auftragsnummer abhängig, sondern von der Multiplikation aus *AuftrPreis · AuftrMenge*. Solche **transitiven Abhängigkeiten** sind zu eliminieren.

Regel zur Stufe 3 der Normalform

> Eine Relation befindet sich in der 3. Normalform, wenn sie schon in der 2. Normalform ist. Zwischen Spalten, die nicht den Schlüssel bilden, besteht untereinander keine Abhängigkeit (transitive Abhängigkeit).

Man könnte obige Regel auch wie folgt lesen: **Alle Datenfelder sind nur vom gesamten Schlüssel abhängig; untereinander treten keine Abhängigkeiten auf.**

Datenmodellierung der Auftragsverwaltung

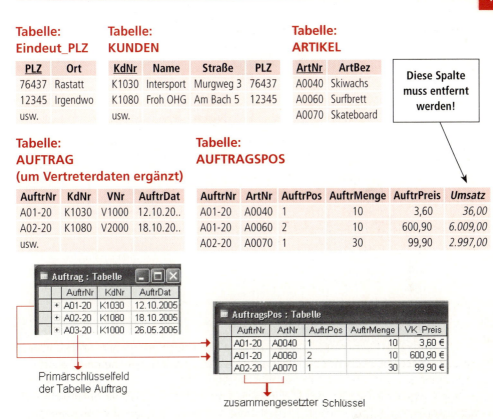

In der Tabelle *AutragsPos* wurde ein **zusammengesetzter Schlüssel** festgelegt. Das Attribut *AuftrNr* als Primärschlüssel genügt nicht, da sonst ein Auftrag nur eine einzige Position enthalten könnte.

Die M:N-Beziehung wurde in 1:N-Beziehungen aufgelöst. Hier wurde eine dritte Tabelle (Verbindungsentität als „Zwischentabelle") zu Hilfe genommen, die aus den Schlüsselfeldern der beiden ersten Tabellen besteht.

Ausgangssituation

Auflösung obiger Beziehung

Tabellenbeziehungen (vorläufiger Ausschnitt)

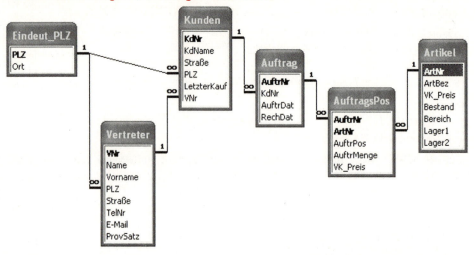

> **Wichtig**
> Relationen, die sich in der 3. Normalform befinden, werden als normalisiert bezeichnet. Die darin entstandenen Informationen sind redundanzfrei.

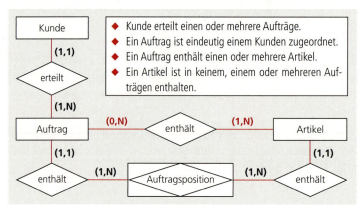

Nebenstehendes Schaubild versucht die Auflösung von 1:N-Beziehungen mittels einer Verbindungsentität („Zwischentabelle") zu veranschaulichen.

1.5.1 Wichtiges auf einen Blick

Redundanzen und Anomalien

Die Normalisierung ist eine Methode zur systematischen Umwandlung von Relationen, die Redundanzen enthalten, in ein System von Relationen ohne Redundanzen. Redundanz kann durch die mehrmalige Speicherung ein und desselben Faktums zustande kommen. In Relationen mit redundanten Informationen können Anomalien durch das Einfügen, Ändern oder Löschen von Datensätzen entstehen, die dazu führen, dass die Datenbank nicht mehr konsistent ist.

1. Normalform

Eine Relation ist in der 1. NF, wenn alle ihre Attribute einfache (skalare) Werte sind.

Datenmodellierung der Auftragsverwaltung

Folgen:
1. Kein Datenelement (Attribut) darf mehrfach in der Tabelle vorkommen.
2. Kein Feld darf weiter zerlegbar sein.
3. Jede Tabelle besitzt einen Primärschlüssel.
4. Beziehungen werden nur über Schlüssel hergestellt.

2. Normalform
Eine Relation ist in der 2. NF, wenn sie in der 1. NF ist und jedes nicht zum Identifikationsschlüssel gehörige Attribut voll von diesem abhängig ist.

3. Normalform
Eine Relation ist in der 3. NF, wenn sie in der 2. NF ist und zwischen Nichtschlüssel-Attributen keine funktionalen Abhängigkeiten bestehen.

Identifikationsschlüssel
Grundsatz: Entitäten müssen eindeutig identifizierbar sein. Hierzu dienen Identifikations- oder Primärschlüssel. Ein solcher Schlüssel hat folgende Eigenschaften:

Eindeutigkeit	Er darf nur einmal im Entitätstyp erscheinen.
Lebensdauer	Er ist während der gesamten Lebensdauer der Entität gültig.
Vergabe	Er muss sofort beim Entstehen der Entität festgelegt werden.

1.5.2 Datenbankobjekte näher betrachtet

Nebenstehende Abbildung zeigt die wichtigsten Datenbankobjekte.

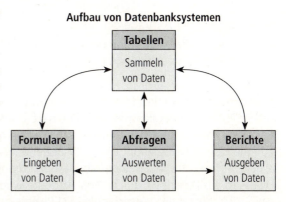

Tabelle: Eine Tabelle ist eine Zusammenstellung von Daten zu einem bestimmten Thema. Sie enthält eine zeilen- und spaltenweise angeordnete Sammlung von zusammengehörenden Daten, wobei jede Zeile genau einen aus mehreren Datenfeldern bestehenden Datensatz enthält.

Formular: Ein Formular ist für Eingabe, Änderung und Einsicht von Datensätzen in der Datenbank vorgesehen. Beim Öffnen eines Formulars werden die Daten von Tabellen oder Abfragen aufgerufen und in einem speziellen Layout ausgegeben.

Abfrage: Eine Abfrage in einer Datenbank kann sich auf Datensätze einer oder mehrerer Tabellen beziehen. Eine Abfrage stellt angeforderte Informationen nach bestimmten Kriterien zusammen.

Werden nur bestimmte Spalten einer Tabelle ausgewählt, so spricht man von **Projektion**. Das Abfrageergebnis ist eine schmalere Tabelle. Bei der **Selektion** werden ausgewählte Zeilen mit Bedingungen abgefragt. Das Ergebnis ist eine kürzere Tabelle. Projektion und Selektion sind kombinierbar.

Feld:	Name	PLZ	Ort	← Projektion
Tabelle:	Lieferer	Lieferer	PLZ	
Sortierung:	Aufsteigend			← Sortierung
Anzeigen:	☑	☑	☑	
Kriterien:			"Berlin"	← Selektion

Bericht: Ein Bericht ist eine Zusammenfassung von Werten mehrerer Datensätze. Er dient u. a. einer aussagekräftigen Präsentation dieser Daten. Im Bericht können aber nicht nur Datensätze zusammengestellt werden, sondern auch Gruppierungsfunktionen für einzelne Datensatzgruppen oder eine Gesamtsumme für Zahlen berechnet werden. In einem Bericht können – im Gegensatz zu einem Formular – keine Daten eingegeben werden.

Makro: Mithilfe von Makros können grundlegende Funktionen automatisiert werden. Ein Makro kann eine Liste von Aktionen oder ein ablauffähiges Programm sein.

Modul: Ein Modul enthält in Microsoft Access Basic geschriebene Anweisungen. Access Basic ist eine integrierte Datenbanksprache, die sich an Visual Basic anlehnt.

1.6 Eine neue Datenbank entsteht

Ziele und Aufgaben
- Verwaltung wichtiger Geschäftsprozesse der Berger OHG und ihrer Geschäftspartner
- Verwaltung der Aufträge der Kunden
- Verwaltung aller Aktivitäten der Außendienstmitarbeiter (Vertreter) inkl. der Berechnung der umsatzabhängigen Vertreterprovisionen

Ausgangspunkt der Auftragsverwaltung zwischen den Lieferanten und der Berger OHG einerseits und Kunden/Lieferanten/Vertretern und der Berger OHG andererseits ist die Tabelle PLZ. Sie ordnet den einzelnen Orten die eindeutigen Postleitzahlen zu. Die Tabelle *BestellPos* (Bestellpositionen) löst die zwischen den Tabellen *Bestellung* und *Artikel* vorkommenden M:N-Beziehungen in 1:N-Beziehungen auf. Das Gleiche gilt auch für die Tabelle *AuftragsPos*. Auch diese Tabelle führt zusammengesetzte Primärschlüsselfelder. Hier wird ein Datensatz durch zwei Attribute eindeutig identifiziert. Diese Tabelle ist eine „Zwischentabelle", welche die M:N-Beziehung zwischen den Tabellen *Artikel* und *Auftrag* auflöst.

Datenbankname: *berger_2_kunden_lieferer.mdb*

Eine neue Datenbank entsteht

1.6.1 Tabellenausschnitte der Datenbank

Artikel : Tabelle

ArtNr	ArtBez	VK_Preis	Bestand	Bereich	Lager1	Lager2
A0010	Handbälle	102,50 €	20	Ballspiele	RA	
A0020	Tennisschuhe	120,00 €	30	Tennis		BAD
A0030	Fußbälle	140,00 €	50	Ballspiele		BAD
A0040	Skiwachs	3,60 €	20	Wintersport	RA	
A0050	Dachständer	160,00 €	10	Autozubehör		BAD
A0060	Surfbrett	600,90 €	20	Wassersport	RA	
A0070	Skateboard	99,99 €	10	Freizeitsport	RA	

Eindeut_PLZ : Tabelle

PLZ	Ort
12345	Irgendwo
32451	Hausen
41224	Weisenbach
42001	Rheinau
43532	Steinsfeld
43654	Bergried
45387	Bonndorf
76437	Rastatt
76530	Baden-Baden
86356	Lechtal
98348	Berghaupten

Auftrag : Tabelle

AuftrNr	KdNr	AuftrDat	RechDat
A01-20	K1030	12.10.2005	22.10.2005
A02-20	K1080	18.10.2005	22.10.2005
A03-20	K1000	26.05.2005	03.06.2005
A04-20	K1000	26.05.2005	03.06.2005
A05-20	K1010	26.05.2005	03.06.2005
A06-20	K1020	27.05.2005	07.06.2005
A07-20	K1030	27.05.2005	07.06.2005
A08-20	K1040	27.05.2005	07.06.2005
A09-20	K1050	01.06.2005	22.06.2005
A10-20	K1060	10.06.2005	29.06.2005

AuftragsPos : Tabelle

AuftrNr	ArtNr	AuftrPos	AuftrMenge	VK_Preis
A01-20	A0040	1	10	3,60 €
A01-20	A0060	2	10	600,90 €
A02-20	A0070	1	30	99,90 €

Kunden : Tabelle

KdNr	KdName	Straße	PLZ	LetzterKauf	VNr
K1000	Freizeit AG	Kaiserstraße 6	76437	15.06.2005	V2000
K1010	Weinelt Hans	Flotoweg 5	76437	01.12.2004	V2000
K1020	Fraas Helga	Murgstraße 5	76530	21.03.2005	V2000
K1030	Intersport GmbH	Murgweg 2	12345	10.10.2005	V3000
K1040	Campinghaus Fun KG	Bergstraße 4	32451	15.01.2005	V1000
K1050	Maier & Co	Rheinstraße 4	43532	31.01.2005	V1000
K1060	Mayer KG	Mainstraße 4	12345	12.06.2005	V1000
K1070	Meier OHG	Eisenstraße 8	86356	21.05.2005	V3000
K1080	Froh OHG	Ringstraße 1	43654	14.12.2005	V3000

Bestellungen : Tabelle

BestNr	LiefNr
B1000	L1000
B2000	L1000
B3000	L2000

Vertreter : Tabelle

VNr	Name	Vorname	PLZ	Straße	TelNr	E-Mail	ProvSatz
V1000	Bergmann	Hans	76437	Murgweg 5	07323/447442	bergmann.hans@t-online.de	5
V2000	Hausfried	Helga	76437	Rheinstraße 5	074735/39356	hausfried.peter@web.de	10
V3000	Berner	Peter	12345	Ringstraße 15	054534/4356	berner.peter@t-online.de	5

ArtLief : Tabelle

ArtNr	LiefNr
A0040	L1000
A0040	L2000
A0060	L3000

BestellPos : Tabelle

BestNr	ArtNr	BestPreis	BestDat	LiefDat	Geliefert
B1000	A0040	2,99 €	12.07.2005	20.07.2005	☐
B1000	A0070	66,99 €	12.07.2005	20.07.2005	☐
B2000	A0060	500,00 €	12.07.2005	20.07.2005	☑

1.6.2 Tabellenbeziehungen

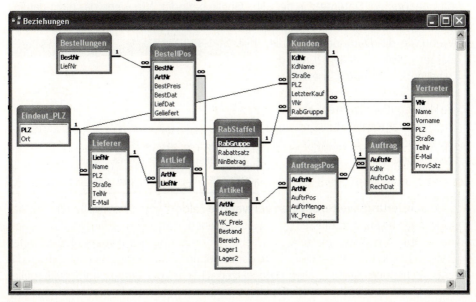

1.6.3 Datentypen unter die Lupe genommen

Da mit keiner Nummer gerechnet wird, wurden alle Nummern (Lieferernummern, Postleitzahlen, Artikelnummern, …) mit dem Datentyp TEXT abgespeichert. Allen Kalenderdaten wurde der Datentyp Datum/Uhrzeit zugeordnet. In der Tabelle der Bestellpositionen wurde der Datentyp „Ja/Nein" für den Fall vereinbart, ob bereits eine Lieferung erfolgte oder nicht.

1.6.4 Integrität: Die Voraussetzung guter Beziehungen

> **Referentielle Integrität** bedeutet, dass die Daten in Bezug auf ihre Verknüpfungen konsistent, d. h. widerspruchsfrei sind.

Für die Datenbank bedeutet dies konkret, dass zuerst die Datensätze gelöscht werden müssen, die einen Fremdschlüssel besitzen, bevor die Datensätze gelöscht werden können, die den entsprechenden Primärschlüssel enthalten. Umgekehrt ist erst der Datensatz hinzuzufügen, der einen bestimmten Primärschlüssel enthält, bevor die Datensätze hinzugefügt werden können, die diesen Wert als Fremdschlüssel enthalten.

Folge

- Es können keine Datensätze auf der „N"-Seite einer Beziehung angelegt werden, wenn nicht ein korrespondierender Datensatz auf der „1"-Seite existiert.
- Werte im Primärschlüsselfeld der „1"-Tabelle können nicht geändert werden, wenn in der „N"-Tabelle noch Datensätze vorhanden sind, die mit diesem Primärschlüssel in Beziehung stehen.
- Möchte man Datensätze der „1"-Tabelle löschen, wird geprüft, ob sich noch ein dazugehörender Datensatz in der „N"-Tabelle befindet. Nur wenn das nicht der Fall ist, darf der Datensatz gelöscht werden.

Wenn Sie die Datenbank für die Berger OHG erstellen und die Tabellenbeziehungen herstellen, müssen Sie nicht nur die referentielle Integrität beachten, sondern auch die Frage der Aktualisierungsweitergabe bzw. Löschweitergabe beantworten.

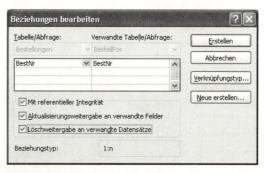

- **„Aktualisierungsweitergabe an verwandte Felder"** veranlasst das System, Aktualisierungen an Primärschlüsselfelder weiterzugeben, statt sie zu verhindern. Sie sollten diese Option wählen, wenn Access bei jeder Änderung des Primärschlüssels eines Datensatzes in der Tabelle der 1-Seite der Beziehung (Mastertabelle) automatisch die entsprechenden Werte in allen Datensätzen (N-Seite) der Beziehung (Detailtabelle) ändern soll.

◆ **"Löschweitergabe an Detaildatensatz"** veranlasst Access, Löschoperationen in der Mastertabelle weiterzugeben, statt sie zu verhindern. Wählen Sie diese Option, falls Access bei jedem Löschen von Datensätzen in der Mastertabelle automatisch entsprechende Datensätze in der Detailtabelle löschen soll.

1.6.5 Selektion von Datenbeständen

Der Vorteil des Datenbankeinsatzes besteht u. a. darin, dass ohne großen Aufwand Selektionen auf Datenbestände mittels Abfragen durchgeführt werden können, wobei verschiedene Tabellen mit in die Analyse einbeziehbar sind. Das Ergebnis einer Abfrage wird als **Dynaset** bezeichnet. Die Daten in einem Dynaset sind grundsätzlich dynamisch, d. h., sie werden ständig aktuell aus den zugrunde liegenden Tabellen zusammengestellt. So sind die Daten in einem Dynaset immer auf dem neuesten Stand.

> Access speichert nicht das Dynaset, sondern den Abfrageentwurf.

Arbeitsaufträge

1. Erstellen Sie die Datenbank der Auftragsverwaltung für die Berger OHG.
   a) Entwerfen Sie die Tabellenstrukturen.
   b) Bestimmen Sie die Schlüsselfelder.
   c) Stellen Sie die Beziehungen zwischen den Tabellen her.
   d) Geben Sie Datensätze ein.
2. Die Berger OHG gewährt ihren Kunden unter bestimmten Bedingungen einen Rabatt, der in verschiedenen Rabattgruppen gestaffelt ist. Bitte erweitern Sie die Datenbank um diese Tatsache. Stellen Sie hierzu die notwendige(n) Beziehung(en) her. Es gilt folgende Rabattstaffel:

RabGruppe	1	2	3
Rabattsatz	5 %	10 %	20 %
MinBetrag	10,00 €	20,00 €	30,00 €

1.6.6 Formulare: Schaltzentren von Datenbanken

Alles auf einen Blick

> Ein Formular ist die grafisch gestaltete Schnittstelle zwischen Computerbenutzer und Daten, somit ein Hilfsmittel zur komfortablen Datendarstellung. Um ein neues Formular zu erstellen, genügt ein Mausklick auf dem Objekt Formular im Datenbankfenster, gefolgt von einem Mausklick auf dem zu aktivierenden Formularassistenten. Das System fragt Sie nun, auf welcher Datenbasis Ihr Formular beruhen soll. Zwei häufig verwendete Formulartypen sind: *AutoFormularEinspaltig* und *AutoFormularTabellarisch*. Werden Daten aus mehr als einer Tabelle gleichzeitig ausgewertet, so ist ein **Hauptformular** oder ein **Unterformular** zu erstellen, das durch die formulierten Beziehungsarten (z. B. 1:N) verbunden ist.

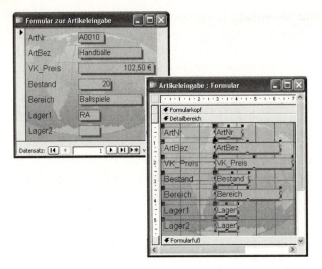

Exemplarisch werden in oben stehenden Abbildungen die Formularansicht eines einspaltigen Formulars zur Eingabe der Artikel und dessen Entwurfsansicht gezeigt. Formularname: *ArtikelEingabe*

Jeder in der Formularentwurfsansicht sichtbare Text und jedes Feld ist ein Objekt, ein **Steuerelement,** das Sie unabhängig von allen anderen Objekten manipulieren können. Dabei sind verschiedene **Werkzeuge** sehr nützlich, die Sie bei Bedarf jederzeit ein- und wieder ausblenden können.

Nebenstehende Abbildung zeigt die Toolbox, die mit der Befehlsfolge:

→ ANSICHT

→ TOOLBOX

ein- bzw. ausblendbar ist.

Wenn Sie sich über den Inhalt der einzelnen Symbole Klarheit verschaffen wollen, so genügt es, die Maus auf einem Symbol ungefähr 1 Sekunde ruhen zu lassen. Sie bekommen dann einen erklärenden Text eingeblendet.

PROBLEMSTELLUNG

Zur komfortablen Dateneingabe bzw. Informationssuche soll ein Formular mit den Tabellen *Kunden* und *Vertreter* erstellt werden. Wählen Sie – nach Aktivierung des Formularassistenten – aus der Kundentabelle die Datenfelder *KdNr*, *KdName*, *Straße*, *PLZ*, *LetzterKauf*, *VNr* und *RabGruppe*. Wählen Sie von der Vertretertabelle die Felder *Name*, *Vorname*, *Straße*, *TelNr*, *E-Mail* und *ProvSatz*. In einem weiteren Schritt soll dieses Formular u. a. dazu dienen, die **Schaltzentrale für einzurichtende Makros** zu werden, doch davon später mehr.

Eine neue Datenbank entsteht

Und hier das fertige Formular als Gestaltungsvorschlag.
Formularname = *Vertreter_Kunden_1*

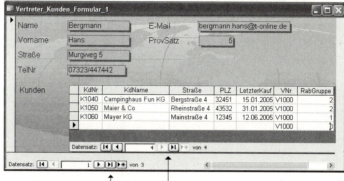

Bitte beachten Sie die beiden Navigationsleisten des Haupt- bzw. Unterformulars.

Lösungsidee

→ Mit dem Formularassistenten ein sog. **Hauptformular** auf der Datenbasis der Tabelle *Vertreter* erstellen.

→ Anschließend auf der Grundlage der Tabelle *Kunden* ein sog. **Unterformular** in das Hauptformular einbinden.

Wichtig
Wird im Hauptformular ein Datensatz angezeigt, listet das Unterformular automatisch alle Datensätze der Detailtabelle auf, die mit diesem Satz der Haupttabelle verknüpft sind.

Vorgehensweise im Einzelnen

→ Neues Formular mit dem Formularassistenten erstellen.

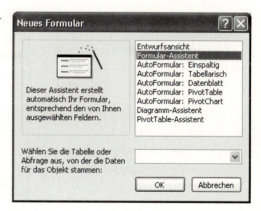

➔ Wahl der Datenbasis, hier: Tabelle *Vertreter*

➔ Übertragung der angegebenen Felder in das rechte Listenfeld.

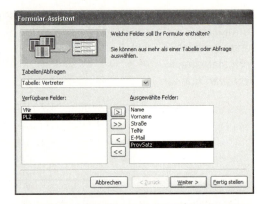

➔ Auswahl im Listenfeld von „Tabellen/Abfragen" der Tabelle *Kunden* und Übertragung der angegebenen Felder in das rechte Listenfeld.

Das System weiß nun, dass Felder aus zwei verschiedenen Tabellen angezeigt werden sollen.

Wenn Sie die Schaltfläche „Weiter" betätigen, können Sie die Vorgaben von Access unverändert lassen. Auch das Layout des Unterformulars sollte auf der Voreinstellung „Datenblatt" belassen werden. Beim Formularstil sind Sie völlig frei. Hier wurde „International" gewählt.

➔ In einem letzten Schritt können Sie die Überschriften beider Formulare bestimmen.

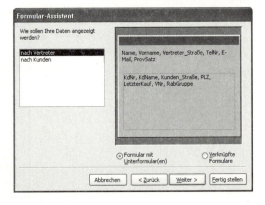

1.6.7 Tests und Aufgaben zur Lernzielkontrolle

1.6.7.1 *Test 1:* Das Datenbankdesign muss reiflich überlegt werden

Gegeben ist eine völlig unstrukturierte Kantinen-Kellner-Tabelle:

Tischnummer	Personalnummer	Essen
1	1, 2	Ragout, Fisch
2	3, 4	Suppe, Ragout

Eine neue Datenbank entsteht

1. Nennen Sie mindestens drei Nachteile obiger Speicherungsart.
2. Die Regel der ersten Normalform sagt schon der „gute Menschenverstand:" *Eine Relation R ist in erster Normalform, wenn alle Attributswerte elementar (atomar) sind*. Somit ergibt sich als Zwischenschritt der Lösung die Tabelle in der ersten Normalform:

Tischnummer	Personalnummer	Essen
1	1	Ragout
1	2	Fisch
2	3	Suppe
2	4	Ragout

3. Erstellen Sie aus obiger Tabelle die Tabelle der zweiten Normalform.
4. Gehen Sie davon aus, dass ein neu eingestellter Kellner sich in dem Lokal erst orientieren muss. Hierzu wird folgende Einteilung getroffen: Die Kellner mit den Personalnummern 1 und 2 bedienen den „Fenster-West-Bereich", die Kellner mit den Personalnummern 3 und 4 bedienen im Eingangsbereich. Formulieren Sie aus diesen Angaben die Stufe der zweiten Normalform, indem Sie das Feld *TischPlatz* einfügen.
5. Würden Sie in die Tabellen den Preis einer Mahlzeit aufnehmen, müssten Sie z. B. an der Tischnummer 1 den Ragoutpreis mit 6,50 € und an der Tischnummer 2 ebenso den Ragoutpreis mit 6,50 € ansetzen. Somit ist *Preis* von *Essen* **funktional abhängig.** *Essen* ist wiederum von *Tischnummer, Personalnummer* **transitiv abhängig**. Also ist lt. Definition diese Tabelle nicht in der dritten Normalform. Erstellen Sie diese Stufe, damit die letzten Redundanzen eliminiert werden.
6. War der Preis noch in der Kantinen-Kellner-Tabelle dabei, dann wurden die Preise für eine Speise mehrfach gespeichert, so oft wie ein bestimmtes Essen in der Tabelle gespeichert wurde. Muss der Preis geändert werden, so müssen alle Datensätze geändert werden. Dies kann zu **Dateninkonsistenzen** führen. Bitte erklären Sie diesen Begriff.
7. Begründen Sie die Richtigkeit folgenden Satzes: *Nur Datenbanken, die mindestens in der dritten Normalform sind, können vom Datenbanksystem fehlerfrei gehalten werden*.
8. Bitte erklären Sie folgende Aussage: *Die Lehre der Normalisierung und bestimmte Anforderungen an ein relationales Datenbankmanagementsystem führen letztendlich zu dem Ziel, die Daten in der Datenbank in einem konsistenten Zustand zu halten. Man nennt solche Regeln: Integritätsregeln.*

1.6.7.2 Test 2: Daten in die Normalform bringen

Nachdem Sie den ersten Test hoffentlich mit Erfolg absolviert haben, sollte Ihnen folgende Aufgabe relativ leicht fallen, nämlich die Stufen der Normalisierung von Daten aufgrund folgender Tabelle aufzuzeichnen:

Mitarbeiterkonto

Bankverbindung	M_ID	Mitarbeitername
123 456 Sparkasse Ulm (630 500 00) 234 567 Postbank Stgt. (600 100 70)	101	Abele
987 654 Sparda Stgt. (600 908 00) 876 543 Sparda Stgt. (600 908 00)	102	Bauer
usw.		

1.6.7.3 Test 3: Normalisierung von Unterrichtsprojekten

Eine Abschlussklasse führt in Gruppen von 2–5 Schülern ein Unterrichtsprojekt mit externen Auftraggebern durch. Max Müller wird vom verantwortlichen Dozenten beauftragt eine Access-Datenbank zu entwerfen, in der die Zuordnung der Schüler zu ihren Auftraggebern festgehalten werden kann. Schüler Müller entwickelt daraufhin die schematisch abgebildete Tabelle „Schülerzuordnung". Der Dozent ist mit der Arbeit von Schüler Müller nicht zufrieden, da die entwickelte Lösung mit einer einzigen Tabelle offensichtlich nicht in der 3. Normalform ist und noch weitere Probleme enthält.

Auftraggeber	Straße	PLZ	Ort	Schüler
Delbrück OHG	Hauptstraße 5	76437	Rastatt	Meier Hans Berner Anita Müller Martin
Segelschule Goldkanal	Illinger Straße 12	76354	Illingen	Scharer Thomas Fleig Rudi
ACC Böhnisch & Brecht	Am Waldesrand 5	12345	Irgendwo	Meier Hans Binger Christoph Jung Petra

Arbeitsauftrag

Überführen Sie diese Tabelle schrittweise in die 3. Normalform, wobei es genügt, die Tabellen in der Entwurfsansicht zu skizzieren. Primärschlüssel sind zu unterstreichen, Fremdschlüssel kursiv darzustellen.

1.6.7.4 Test 4: Referentielle Integrität herstellen

Was muss bei unten stehenden Tabellen geändert werden, damit zwischen diesen beiden Tabellen referentielle Integrität hergestellt ist?

KundenNr	Firma
231	Huber AG
232	Meier & Co.
233	Schleiffer
234	R. Müller

BestellNr	KundenNr	Datum
123	231	01.03.20..
124	231	02.03.20..
125	232	02.03.20..
126	233	03.03.20..
127	233	03.03.20..

1.6.7.5 Test 5: Erstellen eines Entity-Relationship-Diagramms (ERD)

PROBLEMSTELLUNG

Ein Gebrauchtwagenhändler verkauft an seine Kunden Fahrzeuge zu Sonderkonditionen und bittet Sie folgende Situation (und nur diese) in einem ERD festzuhalten:

Der Händler bietet seinen Kunden die Fahrzeuge ausschließlich mit schriftlichen Angeboten an. Einem Kunden (mit Kundennummer, Vorname, Nachname, Straße, PLZ und Ort) können ein oder mehrere Fahrzeuge angeboten werden, und zwar mit einem oder verschiedenen Angeboten (mit Angebotsnummer und Angebotsdatum). Die Fahrzeuge haben eine eindeutige Stammnummer, das Datum der ersten Zulassung, eine Farbe sowie einen Preis. Jedes Fahrzeug gehört zu einem Fahrzeugtyp mit einer eindeutigen Fahrzeug-Typnummer sowie mit Angaben zum Gewicht, zu den PS sowie zur maximalen Anzahl der Sitzplätze.

Arbeitsauftrag

Halten Sie den Sachverhalt in Form eines Entity-Relationship-Diagramms fest. Verwenden Sie hierfür die Chen-Notation. Es sind sowohl die Entitätstypen, die Beziehungen zwischen diesen, die Kardinalitäten der Beziehungen sowie die Primärschlüssel und die weiteren Attribute der Entitätstypen darzustellen. Erstellen Sie eine möglichst redundanzarme Lösung.

1.6.7.6 Test 6: Datenbankdesign: Skivermietung

PROBLEMSTELLUNG

Neben dem traditionellen Sortiment eines Sportartikelhändlers sollen in Zukunft weitere Geschäftsfelder belegt werden. So ist geplant, ab Herbst eine Skivermietung zu eröffnen. Die Skivermietung der Berger OHG speichert die Daten ihrer Kunden, die Daten ihrer zu vermietenden Artikel und welcher Kunde wann welchen Artikel entliehen bzw. zurückgegeben hat zz. noch in folgender Tabelle.

Ausgangstabelle

MieterNr	Name	Vorname	PLZ	Straße	Ort	TelNr	ArtNr	ArtBez	AusleihDat	RückgabDat	MietSatz/Tag
M1000	Berner	Mathias	12345	Grünewaldstr. 5	Irgendwo	0744 33455	A1000				
							A2000	RennTiger	15.01.20..	20.01.20..	9,00 €
M2000	Kilb	Hans-Peter	76437	Hans-Thoma-Str. 3	Rastatt	0722 48433	A3000	XLS KidFun	15.01.20..	20.01.20..	5,00 €
M3000	Bauer	Willi	76437	Murgweg 5	Rastatt	0733 34662	A4000	SurfFun	18.03.20..	23.03.20..	12,00 €
								LanglaufStar	18.03.20..	24.03.20..	10,00 €

1. Oben dargestellte Tabelle verstößt gegen viele Grundsätze eines guten Datenbankdesigns. Nennen Sie die darin enthaltenen Anomalien und weitere Nachteile.

2. Welche Daten sind redundant und können ohne Informationsverlust weggelassen werden?
3. Welche Daten hängen nicht von dem Schlüssel *MieterNr* ab?
4. Skizzieren Sie anhand obigen Beispiels die drei Stufen der Normalform.
5. Erstellen Sie mit dem Datenbankprogramm Access die Datenbank.

Lösungshinweise

- Zwischen den zu erstellenden Tabellen *Mieter* und *Artikel* liegt eine N:M-Beziehung vor.
- Es wird unterstellt, dass ein Mieter einen Ski mindestens einen Tag mieten wird.
- Die Datenbank soll ergänzt werden. Neben den Mieter-Vermieter-Beziehungen sollen noch die Beziehungen zwischen den Lieferanten der Wintersportartikel dargestellt werden. Zwischen der Artikeltabelle und der Lieferertabelle besteht eine N:M-Beziehung.

1.6.7.7 Test 7: Datenbankdesign: Organisation von Tauchkursen

PROBLEMSTELLUNG: Tauchkurse ergänzen das Angebot

Herr Berger vereinbarte mit vier Sportstudenten, in Mittelbaden Tauchkurse anzubieten. Anfängerkurse können einmal wöchentlich im städtischen Hallenbad durchgeführt werden. Aufbaukurse finden in den nahe gelegenen Baggerseen statt. Für den theoretischen Unterricht und zur Abnahme der Prüfung wurde ein Seminarraum mit Multimediaeinrichtungen angemietet. Es ist geplant, das Geschäftsfeld „Tauchkurse" mit touristischen Angeboten zu ergänzen. Anfänglich beschränken sich die Urlaubsangebote auf die Türkei und die Malediven.

Aufgabe

Es ist eine Datenbank zu erstellen, die die Kursverwaltung übernimmt. Somit sind sowohl Tabellen zu erstellen, welche die Schülerdaten und deren Zuordnung zu den einzelnen Kursen organisieren, als auch Tabellen, die den Übungsleitern die Kurse und Kursorte zuordnen.

Hierbei gelten u. a. folgende Bedingungen:

1. **Einführungskurse** finden grundsätzlich im Hallenbad statt.
   Die *KursOrtNummer* = 2 (Tabellennamen = *KursOrt* und *KursThemen*).
2. **Aufbaukurse** werden über die Sommermonate an Baggerseen abgehalten.
   KursOrtNummer = 1 (Tabellennamen = wie oben).
3. Das **Gesamtangebot** umfasst folgende Kursthemen: *Grundkurs I, Grundkurs II, Aufbaukurs I, Aufbaukurs II, Tauchprüfung, Urlaubskurs Antalya, Urlaubskurs Neptun*.
4. Da mehrere Schüler an unterschiedlichen Kursen teilnehmen können, tritt das Problem der M:N-Beziehung auf. Bitte lösen Sie die Beziehungen zwischen den Tabellen *Schüler* und *Kurse* auf.
5. Genau dasselbe Problem muss zwischen den Beziehungen der Tabelle „Mitarbeiter" und „Kurse" gelöst werden. Auch hier können ein, aber auch mehrere Mitarbeiter einen bzw. mehrere Kurse leiten.

1.6.7.8 *Test 8:* Darstellung von Kunden-Händler-Beziehungen

PROBLEMSTELLUNG

Der Sportartikelhändler bietet seinen Kunden in Sonderaktionen spezielle Artikel ausschließlich mit schriftlichen Angeboten an. Einem Kunden *(Kundennummer, Vorname, Nachname, Straße, PLZ, Ort* und *TelNr)* können ein oder mehrere Artikel angeboten werden, und zwar mit einem oder mehreren Angeboten *(Angebotsnummer, Angebotsdatum, Preis, Angebotsgültigkeit, ...)*. Die angebotenen Artikel haben eine eindeutige Artikelnummer, ferner den *Verkaufspreis,* den *Lagerbestand* und den *Lagermindestbestand.* Jeder Artikel gehört zu einem Artikeltyp mit einer eindeutigen *Typennummer* sowie Angaben zur *Artikelbezeichnung, Bestand, Mindestbestand, Einkaufspreis* und der *Artikelnummer.*

Aufgaben

1. Halten Sie den beschriebenen Sachverhalt in Form eines ER-Diagramm fest. Verwenden Sie die „Cheng-Notation". Es sind sowohl die Entitätstypen, die Beziehungen zwischen diesen sowie die Schlüssel und die weiteren Attribute der Entitätstypen darzustellen. Gefragt ist eine möglichst redundanzarme Lösung.
2. Erstellen Sie die Datenbank.

1.7 Makros automatisieren Arbeitsvorgänge

Alles auf einen Blick

Verschiedene Hilfsmittel erleichtern dem Anwender den Umgang mit Access, beispielsweise Makros. Ein Makro besteht aus einer oder mehreren Anweisungen, die vom Entwickler festzulegende Aktionen ausführen, z. B. Tabellen oder Formulare öffnen, ausdrucken und schließen oder gewünschte Datensätze suchen.
In der Regel werden solche automatischen Abläufe dann ausgeführt, wenn der Anwender mit der Maus auf eine zu erstellende Schaltfläche klickt.

Typische Einsatzmöglichkeiten von Makros sind z. B.:

- Datenfelder auf null setzen.
- Datensätze suchen.
- Datensätze automatisch filtern.
- Daten auf ihre Gültigkeit prüfen.
- Berichte und Formulare öffnen oder drucken.
- Tabellen öffnen bzw. schließen.

Arbeitsauftrag 1

Im bereits erstellten Formular mit dem Namen *Vertreter_Kunden_1* für die Berger OHG soll ein Makro definiert werden, das hinter einer Schaltfläche hinterlegt bewirkt, dass alle offenen Formulare nach Mausklick auf der Schaltfläche geschlossen werden. Bitte öffnen Sie dieses Formular und speichern Sie es unter dem neuen Namen *Vertreter_Kunden_2* ab.

Lösungshinweise
Schritt 1: Makro erstellen

→ Datenbankfenster aktivieren.

→ Datenbankobjekt MAKROS auswählen.

→ Schaltfläche *Neu* anklicken, um ein neues Makrofenster zu erstellen.

→ In der ersten Spalte des erscheinenden Entwurfsfensters unter der Spaltenüberschrift „Aktion" (Makroaktion) die gewünschte Aktion aus dem Listenfeld wählen, in unserem Fall „Schließen".

Wenn Sie mehrere Aktionen aus der Aktionsliste wählen, werden diese von oben nach unten abgearbeitet. Sie müssen deshalb darauf achten, dass die Aktionen in der Reihenfolge der entsprechenden Arbeitsschritte angeordnet werden.

- Die Spalte „Kommentar" kann, muss aber nicht beschriftet werden.
- Wählen Sie im unteren Teil des Fensters den **Objekttyp** aus; hier: *Formular*.
- In einem weiteren Schritt können Sie aus dem Listenfeld den Objektnamen bestimmen, hier: *Vertreter_Kunden_2*.
- Benötigen Sie Hilfestellung? Drücken Sie die Funktionstaste <F1>.
- Sie können das Makro im Menüpunkt EXTRAS/MAKRO/MAKRO AUSFÜHREN aktivieren. Geben Sie als Makroname z. B.: *FensterSchließen_2* ein. Öffnen Sie das Formular mit dem Namen *Vertreter_Kunden_2* und testen Sie das Makro.

Schritt 2: Schaltfläche im Formular positionieren
Es gilt nun, eine Schaltfläche in dem Formular anzubringen, die beim Klicken auf diese Schaltfläche das noch offene Fenster schließt.

Grundsätzlich gilt:

Haben Sie Formulare erstellt, bietet es sich an, Schaltflächen einzufügen und diese mit Makros zu verbinden. Sie können anschließend die Makros beliebig oft mittels Mausklick auf diesen Schaltflächen aktivieren.

→ Öffnen Sie das Formular mit dem Namen *Vertreter_Kunden_2*.

→ Stellen Sie die Entwurfsansicht her.

Sollte die Toolbox noch nicht sichtbar sein, müssen Sie diese im Menü ANSICHT aktivieren.

→ Wählen Sie das Objekt „Befehlsschaltfläche" und ziehen Sie im Formularfuß ein Rechteck auf.

Es erscheint der Befehlsschaltflächen-Assistent.

Makros automatisieren Arbeitsvorgänge

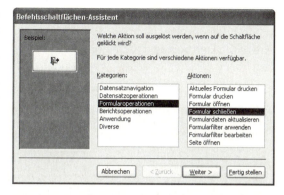

→ Bitte wählen Sie die Kategorie „Formularoperationen" und die Aktion „Formular schließen".

→ Entscheiden Sie, ob Sie den Text „Fenster schließen" oder ein entsprechendes Bild auf der Schaltfläche anbringen wollen.

→ Ordnen Sie der Schaltfläche einen Namen zu.

Der Name der Schaltfläche sei: *BSFLschließen_2*. **BSFL** ist eine Vorsilbe für „Befehlsschaltfläche".

Wollen Sie Eigenschaften des Formulars ändern, z. B. die voreingestellte Schriftart durch eine andere ersetzen, genügt es, das zu ändernde Objekt zu markieren, die rechte Maustaste zu drücken und das Fenster „Eigenschaften" zu öffnen.

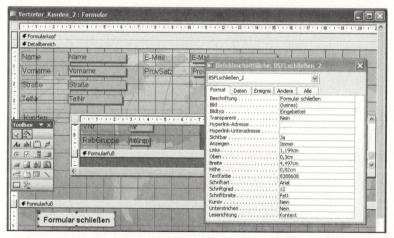

Oben stehendes Bild zeigt den Formularentwurf bei markierter Befehlsschaltfläche, eingeblendetem Eigenschaftsfenster und eingeblendeter Toolbox (Werkzeugleiste).

Wichtig

Jedes Objekt besitzt bestimmte **Eigenschaften,** wie z. B. die Farbe oder die Größe, und reagiert auf **Ereignisse.** Eine Schaltfläche reagiert z. B. auf *Klicken* oder *Doppelklicken*. Ein Formular verfügt z. B. über die Eigenschaften *BeimÖffnen* oder *BeimSchließen*, die bei Access als **Ereignis-Eigenschaften** bezeichnet werden. Um eine Reaktion auf ein Ereignis (Klicken, Doppelklicken) herbeizuführen, können Sie die Ereignis-Eigenschaften eines Objekts mit Makros verbinden. Diese Makros werden ausgeführt, sobald das Ereignis eintritt, z. B. das Klicken auf der Schaltfläche mit der Beschriftung: „Formular schließen".

Schritt 3: Makro der Schaltfläche zuordnen

Nebenstehendes Fenster zeigt das geöffnete Register „Ereignis". Dort wurde das Ereignis „Beim Klicken" mit dem Makro *Fenster_Schließen_2* verbunden.

So könnte das fertige Formular aussehen:

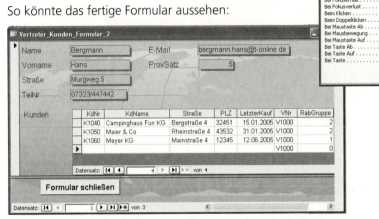

Arbeitsauftrag 2

Öffnen Sie das bereits erstellte Formular mit dem Namen *Vertreter_Kunden_2* und speichern Sie es unter dem Namen *Vertreter_Kunden_3* ab.

Dieses Formular soll um eine weitere Schaltfläche ergänzt werden, die beim Klicken ein zu erstellendes Formular (Aufstellung aller Kunden mit dem Ziel, neue Kunden zu erfassen) ausgibt. Dieses Formular wiederum soll eine Schaltfläche erhalten, die den Anwender zurück zum Ausgangsformular führt.

Bitte nehmen Sie auch an dem Makro die notwendigen Änderungen vor.

Entnehmen Sie die Makroaktionen folgendem Bildschirm (1) und erstellen Sie ein Kundenformular mit der Schaltfläche „Schließen" (2).
Name der Schaltfläche = BSFL_Kundenformular_Schließen
Formularname = Kunden_Formular_1

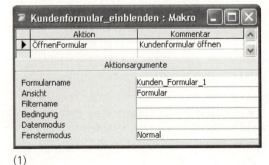

(1)

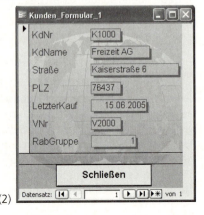

(2)

468836

Makros automatisieren Arbeitsvorgänge

Arbeitsauftrag 3

Öffnen Sie das bereits erstellte Formular mit dem Namen *Vertreter_Kunden_3* und speichern Sie es unter dem Namen *Vertreter_Kunden_4* ab. Dieses Formular soll um eine weitere Schaltfläche ergänzt werden, die beim Klicken auf die Schaltfläche mit der Beschriftung „*Vertreterbericht drucken*" einen Bericht über die Vertreter per Drucker ausgibt.

Lösungshinweise

→ Bericht mit Schaltfläche erstellen.
Berichtsname = *Vertreter_Bericht_1*
Name der Schaltfläche = *BSFL_Vertreter_Bericht_Drucken_1*
Beschriftung = *Bericht Drucken*

→ Bitte erstellen Sie das Makro.
Name = *Vertreter_Bericht_Drucken_1*

→ Bitte wählen Sie im Befehlsschaltflächen-Assistenten die Kategorie „Datensatznavigation" und die Aktion „Bericht suchen" aus.

→ Als Beschriftungstext „Vertreterbericht einblenden" wählen.

→ Den Namen der Schaltfläche festlegen.

→ Beschriftung mit gewünschter Schriftart formatieren.

→ Aus dem Register „Ereignis" des Assistenten das Makro (Ereignis) *Vertreter_Bericht_1* zuordnen.

Arbeitsauftrag 4

Zur schnelleren Verwaltung aller Geschäftsvorgänge mit den Kunden empfiehlt es sich, ein Makro zu formulieren, das die drei Tabellen *AuftragsPos*, *Kunden* und *Auftrag* öffnet. Hierzu sollte das Formular *KundenAuftragsFormular* erstellt werden, das die drei Tabellen gleichzeitig anzeigt. In dieses Formular sollte die Schaltfläche mit der Beschriftung *Artikelformular öffnen* eingefügt werden.

Lösungshinweise

Lösung Teil 1:
Makroerstellung

→ Neues Makro erstellen.

→ Wählen Sie im Fensterbereich der „Aktionsargumente" die Tabellennamen, wobei folgende Arbeitserleichterung viel Ärger erspart.

Gestaltungsvorschlag

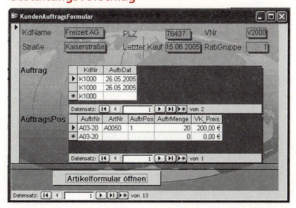

Tipp

Anstatt die Tabellennamen über die Tastatur einzutippen, sollten Sie es sich angewöhnen, diese vom geöffneten Datenbankfenster direkt in die erste Zeile der Aktionsargumente zu ziehen; dies erspart Tippfehler.

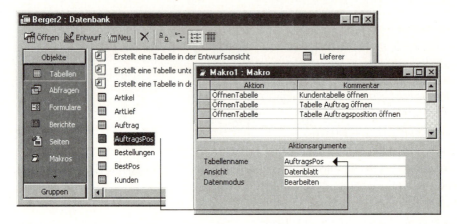

→ Speichern Sie das Makro unter einem passenden Namen, z. B. *ÖffnenKundenTab*.

Lösung Teil 2: **Makro an Steuerelement binden.**
→ Formular erstellen bzw. öffnen. Formularname: *KundenAuftragsFormular*
→ Befehlsschaltfläche mit entsprechender Beschriftung anbringen und dem Assistenten folgen.

PROBLEMSTELLUNG

Die Mitarbeiter der Abteilung Vertrieb der Berger OHG wünschen sich eine Möglichkeit, komfortabel und schnell nach Kunden zu suchen. Sie haben es satt, sich durch die Kundentabelle bzw. das Kundenformular „durchzuwühlen".

Arbeitsauftrag 5

Es ist ein Suchmakro zu schreiben, das von dem Kundenformular aus es ermöglicht, nach Eingabe des Kundennamens oder auch nur Teile des Namens (Teilstring) dessen Daten auszugeben.

Makros automatisieren Arbeitsvorgänge

→ Bitte öffnen Sie das bereits erstellte Kundenformular und speichern Sie es unter dem Namen *Kunden_suchen* ab.

→ Erstellen Sie auf dem Formular zwei Schaltflächen, ein Textfeld und ein Bezeichnungsfeld lt. unten stehendem Bildschirm.

Eingabe eines Teilstrings, z. B. die beiden Anfangsbuchstaben des Firmennamens, in das Textfeld

→ Makroname = *Suchen_Kunden_Datensatz*
→ Name des Textfeldes = *TF_kunden_suchen*
→ Name der Schaltfläche 1: *BSFL_kunden_suchen*
→ Name der Schalftläche 2: *BSFL_weiter_suchen*

Lösung Teil 1: **Erstellung des Makros**
→ Wählen Sie in der Entwurfsansicht die Aktion „GeheZuSteuerelement".
→ Geben Sie den Steuerelementname an, hier: *KDname.*
→ Wählen Sie anschließend die Aktion: *SuchenDatensatz.*

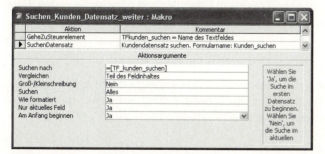

→ In der Argumentenzeile muss auf das Textfeld Bezug genommen werden. Die Syntax hierzu lautet: =[Textfeld], in unserem Fall: =[TF_kunden_suchen].

→ Da auch Abkürzungen von Kundennamen zugelassen werden, ist in der Argumentenzeile die Option „Teil des Feldinhaltes" zu wählen.

Lösung Teil 2: **Schaltfläche mit Makro verknüpfen**
→ Öffnen Sie die Entwurfsansicht des Formulars mit dem Namen *TF_kunden_suchen*.
→ Wählen Sie mittels Mausklick mit der rechten Maustaste das Eigenschaftsfenster.
→ Öffnen Sie das Register „Ereignis".
→ Wählen Sie das Ereignis „Beim Klicken" und ordnen Sie das Makro mit dem Namen *Suchen_Kunden_Datensatz*.

Problem:
Geben Sie in das Suchfeld des Formulars z. B. die Abkürzung *Fr* ein, so kann dies sowohl auf den Kunden Freizeit AG als auch auf Fraas Helga zutreffen. Ein erneuter Mausklick auf die Schaltfläche hilft zur Weitersuche nicht weiter. Dieser Tatbestand liegt an dem Makroargument „Am Anfang beginnen". Der Wert „Ja" lässt die Suche immer beim ersten Datensatz beginnen. Eine Umstellung auf das Argument „Nein" lässt das Makro zwar weitersuchen, aber beim letzten Datensatz angekommen fängt es nicht wieder von vorn an.

Lösung Teil 3:
→ Wählen Sie die Makro-Entwurfsansicht.
→ Bestimmen Sie die Aktionen und Argumente lt. nebenstehendem Bildschirm.

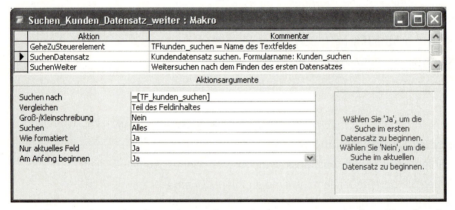

→ Stellen Sie die Verbindung des Makros mit dem Namen „Suchen_Kunden_Datensatz_weiter" mit der Schaltfläche mit dem Namen „BSFL_weiter_suchen" her.

Arbeitsauftrag 6
Es ist ein Makro zu erstellen, das die Speicherung von Datensätzen, deren Rechnungsdatum vor dem Auftragsdatum liegt, in der Tabelle *Auftrag* verhindert. Das System soll somit eine Plausibilitätsprüfung vornehmen.

Lösungshinweise
→ Erstellen Sie ein Formular mit der Datenbasis der Tabelle *Auftrag*.
  Formularname = *Auftrag*
→ Stellen Sie die Entwurfsansicht her.
→ Doppelklicken Sie auf dem Textfeld *RechDat*.

Abschlusstest: Vereinsverwaltung

→ Es erscheint das Eigenschaftsfenster.
→ Aktivieren Sie das Register *Ereignis*.
→ Markieren Sie die Zeile *VorAktualisierung*
→ Klicken Sie auf die erscheinende Schaltfläche mit den drei Punkten und öffnen Sie den Makro-Generator.
→ Speichern Sie das noch leere Makro z. B. unter dem Namen *Auftrag_Vor_Rechnung* ab.
→ Blenden Sie die Bedingungsspalte ein (Ansicht/Bedingungen).
→ Formulieren Sie folgende Bedingungen.

Folgendes Bild zeigt die formulierte Bedingung, die Aktionen und Aktionsargumente sowie das Formular mit der erscheinenden Fehlermeldung.

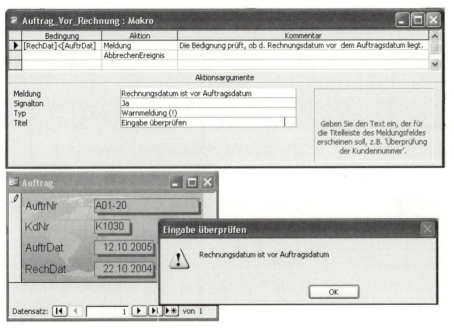

1.8 Abschlusstest: Vereinsverwaltung

Sachverhalt

Die Berger OHG versucht über die Mitglieder des ortsansässigen Sportvereins eine Absatzsteigerung zu erzielen. In der Generalversammlung des Vereins bietet Herr Berger den anwesenden Mitgliedern an, dass ein Mitarbeiter seiner Firma für den Verein die wichtigsten Daten der Mitglieder in einer zu erstellenden Datenbank umsonst verwalten will. Die Sportvereinigung besteht zz. aus folgenden Abteilungen: Aerobic, Basketball, Boxen, Fußball, Handball, Judo, Leichtathletik, Schwimmen, Turnen und Volleyball. Datenbankname = *verein1.mdb*

Struktur der Tabelle „Mitglieder"

PS	Feldname	Datentyp	Größe/Format	Indiziert
*	M_ID	Zahl	integer	Ja (ohne Duplikate)
	Vorname	Text	20	Ja (Duplikate möglich)
	Nachname	Text	20	Ja (Duplikate möglich)
	GebDat	Datum/Zahl		Ja (Duplikate möglich)
	Geschlecht	Text	1	Ja (Duplikate möglich)
	Straße	Text	30	Ja (Duplikate möglich)
	OrtsNr	Zahl	integer	Ja (Duplikate möglich)
	Beitrags-Nr	Zahl	integer	Nein

Struktur der Tabelle „PLZ"

PS	Feldname	Datentyp	Größe/Format	Indiziert
*	Orts_ID	Zahl	integer	Ja (ohne Duplikate)
	PLZ	Text	5	Ja (Duplikate möglich)
	Ort	Text	30	Ja (Duplikate möglich)

Struktur der Tabelle „Sportarten"

PS	Feldname	Datentyp	Größe/Format	Indiziert
*	Sport_ID	Zahl	integer	Ja (ohne Duplikate)
	Sportart	Text	20	Ja (ohne Duplikate)
	Beitrag	Zahl	Währung	Nein

Struktur der Tabelle „Zuordnung: Mitglieder-Sportart"

PS	Feldname	Datentyp	Größe/Format	Indiziert
*	M_IDr	Zahl	integer	Ja (Duplikate möglich)
*	Sport_ID	Zahl	integer	Ja (Duplikate möglich)

Struktur der Tabelle „Grundbeiträge"

PS	Feldname	Datentyp	Größe/Format	Indiziert
*	Beitrags_ID	Zahl	long integer	Ja (ohne Duplikate)
	Beitragsgruppe	Text	20	Nein
	Grundbeitrag	Währung		Nein

Struktur der Tabelle „Spieler"

PS	Feldname	Datentyp	Größe/Format	Indiziert
*	Spieler_ID	Zahl	integer	Nein
	Mannschafts_ID	Zahl	integer	Nein

Abschlusstest: Vereinsverwaltung

Struktur der Tabelle „Mannschaften"

PS	Feldname	Datentyp	Größe/Format	Indiziert
*	Mannsch_ID	Zahl	integer	Ja (ohne Duplikate)
	Sport_ID	Zahl	integer	Nein
	M_bezeichnung	Text	30	Nein
	Trainingstag	Text	10	Nein
	T_beginn	Datum		Nein
	T_ende	Datum		Nein
	T_ort	Text	30	Nein

Struktur der Tabelle „Trainer"

PS	Feldname	Datentyp	Größe/Format	Indiziert
*	Mannsch_ID	Zahl	integer	Nein
*	Trainer_Nr	Text	25	Nein

Verwendete Abkürzungen

m/w	= männlich bzw. weiblich	SportNr	= Sportartennummer
M_NR	= Mitgliedernummer	AbtBeitrag	= Abteilungsbeitrag
T_Beginn	= Trainingsbeginn	ID	= Identifikationsnummer
T_Ende	= Trainingsende	UF	= Unterformular
T_Ort	= Trainingsort (Fußballplatz, Sporthalle, …)	HF	= Hauptformular

Zum Datenbankdesign sind folgende Punkte zu beachten:

1. Ein Mitglied kann sich in mehr als einer Abteilung sportlich betätigen.
2. Mehrere Trainer können eine Mannschaft betreuen.
3. Jeder Trainer ist selbst Mitglied im Verein.

Somit ergibt sich folgende Darstellung der zu erstellenden Tabellenstruktur:

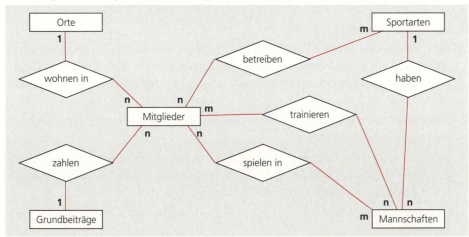

Inhalt der Tabelle „Grundbeiträge"

Beitrags_ID	Beitragsgruppe	Grundbeitrag
0	Familienmitglied	0,00 €
1	Familienbeitrag	200,00 €
2	Erwachsener	100,00 €
3	Kind/Student	60,00 €

Fragen zum Tabellenaufbau

1. Begründen Sie, weshalb unten stehende Tabelle zwar den Regeln der dritten Normalform entspricht, aber trotzdem zu Problemen führen kann.

Mitglieds_ID	Nachname	Vorname	Abteilung1	Abteilung2
100000	Becker	Ulrich	Fußball	Handball
200000	Berger	Julia	Schwimmen	Nein
300000	Fischer	Otto	Leichtathletik	Fußball

2. Unterbreiten Sie Verbesserungsvorschläge.
3. Begründen Sie, weshalb das Attribut ALTER in einer Mitgliedertabelle nicht erscheinen sollte.
4. Definieren Sie für das konkrete Beispiel die Begriffe Entitätsmenge und Entität, Attribut und Attributwerte sowie Wertebereiche der Attribute.

Arbeitsaufträge/Aufgaben/Tests

1. Definieren Sie im Tabellenentwurfsfenster die jeweiligen Tabellenstrukturen.
2. Bestimmen Sie die Schlüsselfelder.
3. Stellen Sie die Beziehungen zwischen den einzelnen Tabellen her.
4. Geben Sie Daten in die Tabellen ein.
5. Ermitteln Sie von jedem Mitglied die Mitgliedsnummer, den Nach- und Vornamen, Straße, Ort, PLZ, Telefonnummer und das Geburtsdatum. Die Ausgabe soll nach Nachnamen aufsteigend sortiert sein. Abfragename = *Mitgliederadressen_alphabetisch*
6. Bestimmen Sie, wie viele Mitglieder in den jeweiligen Orten wohnen. Abfragename = *Orte_nach_Mitgliederzahlen*
7. Es sind – nach Geschlechtern differenziert – auszugeben: die Anzahl der in den einzelnen Sportarten (Abteilungen) Sport treibenden Mitglieder. Abfragename = *Sportabteilungen_Mitglieder_nach_Geschlecht*
8. Ermitteln Sie alle Mitglieder, die heute Geburtstag haben. Abfragename = *GebTagHeute*

Abschlusstest: Vereinsverwaltung

9. Auszugeben sind nebenstehende Daten:
   Abfragename = *Sportabteilungen_Mitglieder_nach_Beitragsgruppe*.
   Beachten Sie den Einsatz der Kreuztabelle.

Sportart	Gesamt	m	w
Aerobic	10		10
Basketball	22	12	10
Boxen	1		1
Fußball	108	105	3
Handball	22	12	10
Judo	25	15	10
Leichtathletik	40	23	17
Schwimmen	55	28	27
Turnen	28	15	13
Volleyball	20	9	11

10. Auszugeben sind alle Mitglieder, die in mehr als einer Mannschaft aktiv spielen. Auszugeben sind: Name, Vorname, Geburtsdatum und die Anzahl der Mannschaften. Abfragename = *Mitglieder_>_1_Mannschaft*

11. Ermitteln Sie alle Mitglieder, die im August geboren sind.
    Abfragename = *MitgliedAug*

12. Ermitteln Sie, wer von den Vereinsmitgliedern Trainer ist und welche Sportarten er trainiert. Abfragename = *TrainerZuordnung*

13. Auszugeben sind alle Mitglieder, die Mannschaftssportarten betreiben.
    Abfragename = *AktiveSpieler*

14. Auszugeben sind alle Sportler, die in Nicht-Mannschaftssportarten sich sportlich betätigen. Abfragename = *Individualsportler*

15. Von allen Fußballspielerinnen ist der insgesamt zu zahlende Beitrag zu ermitteln.
    Abfragename = *FußballSpielerinnenBeitrag*

16. Die Eingabe und Pflege von Datensätzen soll in einem Eingabeformular vorgenommen werden. Neben den Stammdaten der Mitglieder sollen die Grundbeiträge ausgegeben werden. Formularname = *Mitgliederdaten_Eingabe_Pflege*. Bitte beachten Sie folgende Abbildung lediglich als einen Gestaltungsvorschlag.

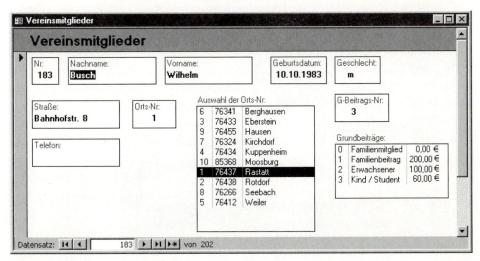

17. Erstellen Sie ein Formular, das eine angenehme Dateneingabe für die Sportartennummer, die Sportart und den Abteilungsbeitrag ermöglicht.

    Formularname = *Sportarten_Eingabe_Pflege*

    Beachten Sie nebenstehenden Gestaltungsvorschlag:

18. Erstellen Sie nebenstehend abgebildetes Übersichtsformular zur Verwaltung der Beiträge.

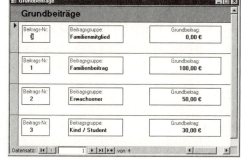

19. In dem erstellten Formular soll eine Schaltfläche angebracht werden, die nach ihrer Betätigung alle offenen Fenster schließt.

    Erstellen Sie hierzu ein Makro mit dem Namen *FormularSchließen*. Weisen Sie der Schaltfläche das Ereignis *FormularSchließen* zu. Formularname = *Grundbeiträge2_Eingabe_Pflege*

20. Obiges Formular soll mit einer weiteren Schaltfläche ausgestattet werden, die nach Mausklick das Formular *Mitgliederdaten_Eingabe_Pflege* öffnet. Der Makroname sei *ÖffnetMitgliederFormular*. Formularname = *Grundbeiträge3_Eingabe_Pflege*

21. Es ist ein Eingabeformular mit Unterformular zur Eingabe der Mitglieder mit den ausgeübten Sportarten zu erstellen.

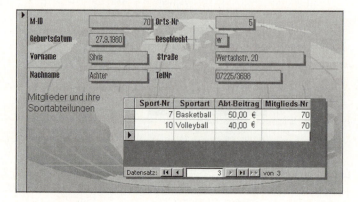

Abschlusstest: Vereinsverwaltung

22. Erstellen Sie ein Formular, das die Mannschaftsnummer, den Mitgliedernachnamen und -vornamen und das Geburtsdatum ausgibt. Nach Öffnen des Formulars soll in einem beim Feld *M_Nr* angebrachten Listenfeld neben der Mannschaftsnummer noch die Postleitzahl und der Ort ausgegeben werden. Formularname: *Mannschaften_Mitgliederauswahl_(UF)*

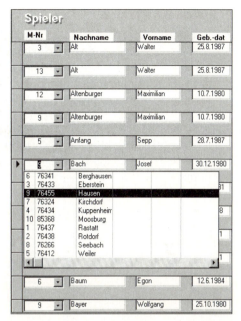

23. Erklären Sie anhand unten stehender Tabelle die Probleme der **Änderungsanomalien, Löschanomalien** und **Einfügeanomalien.** Nennen Sie Verbesserungsvorschläge.

M_Nr	Vorname	Name	m/w	PLZ	Ort	Sportart	Beitrag
1	Helga	Braun	w	76437	Rastatt	Gymnastik	200,00 €
2	Scharer	Petra	w	76437	Rastatt	Gymnastik	200,00 €
3	Lust	Hans	m	76222	Hausen	Fußball	400,00 €

Lösungshinweise

→ Erstellen Sie eine Abfrage mit den Tabellen *Sportarten* und *Zuordnung_Mitglieder_Sportart*. Auszugebende Datenfelder = *SportNr, AbtBeitrag, Sportart* und *M_Nr* Abfragename = *Mitglieder_und_ihre_Sportabteilungen*. Ferner wird eine Abfrage benötigt mit den Datenfeldern: *MitglNr, GebDat, Vorname, Nachname, OrtsNr, Geschlecht, Straße* und *Tel*. Die Nachnamen sind aufsteigend zu sortieren. Abfragename = *Mitgliederadressen_alphabetisch*

→ Erstellen Sie mithilfe des Formularassistenten ein neues Formular, zuerst mit der Datenquelle *Mitglieder_und_ihre_Sportabteilungen*, danach mit den Daten der Abfrage Mitgliederadressen (alphabetisch).

→ Lassen Sie die Daten nach Mitgliederadressen anzeigen. Das System weiß nun, dass Sie aus zwei verschiedenen Datenquellen ein Formular erstellen wollen, weshalb die Optionsschaltfläche „Formular mit Unterformular(en)" aktiv ist. Speichern Sie das Hauptformular mit integriertem Unterformular unter dem Namen: *Mitglieder_und_Sportarten* ab.

Aufgabenerweiterung

24. In einem weiteren Schritt ist unter Zuhilfenahme der Toolbox ein Kombinationsfeld zu erstellen, das die Suche von Datensätzen mittels Eingabe des Nachnamens erleichtert. Fügen Sie hierzu durch Mausziehen in der Entwurfsansicht des Formularfußes ein Rechteck und das Datenfeld *Nachname* hinzu.
Formularname = *Mitglieder_und_Sportarten_nach_Namen*

25. Erstellen Sie ein Formular, das nach Eingabe der Mannschaftsnummer die Sportart und Spielerklasse sowie den zuständigen Trainer ausgibt. Formularname = *Trainer_und_Mannschaften*

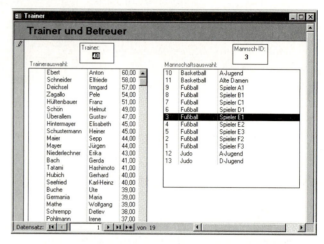

26. Erstellen Sie ein Auswahlformular, das sofort nach dem Öffnen der Datenbank als Hauptmenü erscheint. Folgendes Ausgangsmenü fasst verschiedene Makros unter einem Dach, einem sog. Hauptmakro zusammen, das sich dem Benutzer in Form eines Menüs mit Schaltflächen präsentiert (Autoexec-Makro). Betrachten Sie die Darstellung lediglich als einen Gestaltungsvorschlag.

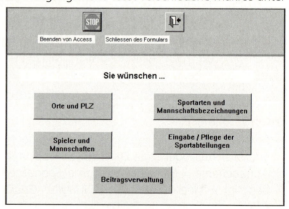

Zusammenfassung:

Die Datenbank der Berger OHG wurde bis jetzt ausschließlich zur Auswertung von vorhandenen Daten eingesetzt. Spätestens jetzt sollte aber mit Daten kalkuliert werden. Daten sollten präsentationsgerecht dargestellt und vor allem Standardsituationen automatisiert werden. Hierzu dient das folgende Hauptkapitel, das sich mit dem Tabellenkalkulationsprogramm Excel und der Programmierung mit **Visual Basic for Application** befasst.

2 Probleme in Tabellenform lösen

2.1 Excel kurz und bündig

Vorbemerkung

Das Kapitel 2.1 bietet für all diejenigen Leser einen Überblick, die sich mit Excel bereits befasst haben, aber ihr Wissen wieder auffrischen wollen.

2.1.1 Von der Idee zur fertigen Arbeitsmappe

Vor der Arbeit am Gerät sollten Sie sich mit folgenden Fragen bzw. Tipps beschäftigen:

1. Welche Ergebnisse sollen erzielt werden?
2. Lohnt sich der PC-Einsatz oder genügt ein Taschenrechner?
3. Sollen die Ergebnisse für den Anwendungsersteller oder für fremde Personen ermittelt werden?
4. Erstellen Sie einen Tabellenentwurf, in dem Sie den Eingabebereich, den Ausgabebereich und den Bereich der Berechnungen festlegen.
5. Zum Tabellenaufbau gehört auch die Entscheidung, ob Daten mehrheitlich in Zeilen- oder Spaltenform anzuordnen sind. Hierzu gilt, dass Excel sehr viele Zeilen (65 536) und relativ wenige Spalten (256) für eine Tabelle zur Verfügung stellt. Somit gilt, dass sich eine zeilenförmige Anordnung immer dann anbietet, wenn die Daten in einer datenbankähnlichen Struktur mit vielen gleichartigen Datensätzen angeordnet sind.
6. Erstellen Sie übersichtliche Spaltenbeschriftungen.
7. Entscheiden Sie, ob der Zugriff auf andere Tabellen notwendig ist.
8. Legen Sie kopierbare Formeln fest.
9. Bestimmen Sie die zu verwendenden Funktionen.
10. Versehen Sie die Register der einzelnen Tabellenblätter mit aussagekräftigen Namen.
11. Löschen Sie alle nicht benötigten Tabellenregister.
12. Fügen Sie in jedes Tabellenblatt einen Tabellentitel ein.
13. Bitte vergessen Sie nicht die Arbeitsmappe während der Arbeit öfter zu speichern.

2.1.2 Nur die richtige Adresse zählt

Grundsätze

- Jede Formel ist mit dem Gleichheitszeichen einzuleiten.
- Rechnen Sie nicht mit Zahlen, sondern mit deren Adressen.
- Adressieren Sie Formeln, sodass sie in andere Zellen übertragbar sind.
- Unterscheiden Sie exakt zwischen der absoluten und relativen Adressierung.
- Benutzen Sie im Zweifel die rechte Maustaste; Sie erhalten ein hilfreiches Kontextmenü eingeblendet.
- Wenn nichts mehr hilft: Die Hilfe-Taste <F1> hilft weiter!
- Ersetzen Sie vor allem absolute Adressen durch „sprechende" Namen.

Beispiel

Soll in unten stehender „Miniatur"-Kalkulationstabelle nur ein einziger Artikel kalkuliert werden, so ist die absolute Adressierung völlig überflüssig. Wollen Sie aber mehr als einen Artikel kalkulieren, so ist eine Kombination zwischen relativer und absoluter Adressierung erforderlich.

Nicht kopierbare Formel in C3:

```
=C2 * B3 / 100
```

	A	B	C
1		%	Artikel 1
2	Einstandspreis		1.600,00 €
3	+ HKZ	25	400,00 €
4	Selbstkosten		2.000,00 €

Kopierbare Formel in C3:

```
=C2 * $B$3 / 100
```

	A	B	C	D
1		%	Artikel 1	Artikel 2
2	Einstandspreis		1.600,00 €	3.600,00
3	+ HKZ	25	400,00 €	900,00
4	Selbstkosten		2.000,00 €	4.500,00

2.1.3 Nennen Sie es beim Namen

Stören Sie sich auch an der Unübersichtlichkeit mancher Formeln?

Wenn ja, sollten Sie Zellen und Zellbereiche mit Namen versehen. Dies erleichtert die Lesbarkeit. Bei langen Formeln mit vielen Feldbezügen ist es schwierig, nachzuvollziehen, was diese Formeln berechnen. Daher ist es oft angebracht, Zellen mit Namen zu belegen.

Eine komfortable Möglichkeit der Namensvergabe besteht darin, den Namen direkt in das Excel-Bezugsfeld einzugeben, was nebenstehender Bildschirm am Beispiel der Großhandelskalkulation zeigt.

Bitte vergleichen Sie die gemischte Adressierung (relativ und absolut) und die Adressierung mit Namen in Gegenüberstellung auf der folgenden Seite.

Excel kurz und bündig

	A	B	C
1	Großhandels-		**Artikel 1**
2	kalkulation		
3			Euro
4		%	
5	Einkaufspreis		400
6	- Liefererrabatt	20	=C5*Liefrabattsatz/100
7	Zieleinkaufspreis		=C5-C6
8	- Liefererskonto	2	=C7*liefskontosatz/100
9	Bareinkaufspreis		=C7-C8
10	+ Bezugskosten		30
11	Einstandspreis		=C9+C10
12	+ HKZ	25	=C11*hkzsatz/100
13	Selbstkosten		=C11+C12
14	+ Gewinnzuschlag	15	=C13*gewinnzsatz/100
15	Barverkaufspreis		=C13+C14
16	+ Vertreterprovision	3	=C15*vertrsatz/(100-vertrsatz-kuskonsatz)
17	+ Kundenskonto	2	=C15*kuskonsatz/(100-vertrsatz-kuskonsatz)
18	Zielverkaufspreis		=C15+C16+C17
19	+ Kundenrabatt	10	=C18*kunrabsatz/(100-kunrabsatz)
20	Verkaufspreis		=C18+C19
21			
22	Dateiname: kalkname.xls		

	A	B	C
1	Großhandels-		**Artikel 1**
2	kalkulation		
3			Euro
4		%	
5	Einkaufspreis		400
6	- Liefererrabatt	20	=C5*$B$6/100
7	Zieleinkaufspreis		=C5-C6
8	- Liefererskonto	2	=C7*$B$8/100
9	Bareinkaufspreis		=C7-C8
10	+ Bezugskosten		30
11	Einstandspreis		=C9+C10
12	+ HKZ	25	=C11*$B$12/100
13	Selbstkosten		=C11+C12
14	+ Gewinnzuschlag	15	=C13*$B$14/100
15	Barverkaufspreis		=C13+C14
16	+ Vertreterprovision	3	=C15*$B$16/(100-$B$16-$B$17)
17	+ Kundenskonto	2	=C15*$B$17/(100-$B$16-$B$17)
18	Zielverkaufspreis		=C15+C16+C17
19	+ Kundenrabatt	10	=C18/(100-$B$19)*$B$19
20	Verkaufspreis		=C18+C19
21			
22	Dateiname: kalk1		

2.1.4 Ein Bild sagt mehr als tausend Worte

Für die Diagrammerstellung gilt:

→ Speichern Sie die erstellte Tabelle zuerst ab.
→ Bestimmen Sie mittels Markierung, welche Datenreihen im Diagramm darzustellen sind.
→ Wählen Sie den geeigneten Diagrammtyp.
→ Wählen Sie das Diagrammformat.
→ Beschriften Sie die Achsen.
→ Entscheiden Sie, ob Sie das Diagramm als eigenständige Datei oder als „eingebettetes" Diagramm abspeichern wollen.

Wichtige Begriffe auf einen Blick

Diagramm	Grafische Darstellung von Tabellendaten, die in einem Tabellenblatt als Bereich markiert wurden.
Datenpunkt	Einzelner Wert in einer Tabelle, der im Diagramm dargestellt werden kann.
Datenreihe	Zusammengehörende Datenpunkte. Jede Datenreihe wird in einer Rubrik zusammengefasst.
Legende	Datenreihenbeschriftung

2.1.5 Tipps und Tricks

2.1.5.1 Ausgabe von Reihen

Excel nimmt Ihnen viel Arbeit beim Erzeugen von Datenreihen ab, da diese automatisch erstellt werden können.

Folgende Reihentypen werden unterschieden:

- Zeit- und Datenreihen (Kalender-Datumsreihen)
- arithmetische Reihen
- geometrische Reihen
- AutoAusfüllen

Unter Zuhilfenahme des **Ausfüllkästchens** versucht das System, selbst zu erkennen, ob in der Reihe eine Wiederholung vorliegt und ob es sich um eine auf- oder absteigende Reihe handelt. Die Reihe wird dann automatisch erweitert.

Diesen Sachverhalt erklärt folgendes Beispiel, wobei die linke Spalte die Dateneingabe aufnimmt.

Feldinhalt	Erkannter Datentyp	Erweiterung der Reihe
Montag	Wochentag	Dienstag, Mittwoch
Mon	Wochentag abgekürzt	Die, Mit
23:00	Uhrzeit	00:00, 01:00
November	Monat	Dezember, Januar
Nov	Monat abgekürzt	Dez, Jan
01.11.05	Datum	02.11.05, 03.11.05
3. Quartal	Vierteljahr	4. Quartal, 1. Quartal

Vorgehensweise
→ Eingabe der ersten beiden Elemente der Reihe
→ Markierung beider Zellen
→ Ziehen des Ausfüllkästchens

Arbeitsaufträge
◆ In Spalte A soll vom Eingabewert 0,1 der Wert 0,5 13-mal hinzuaddiert werden.
◆ In Spalte B analog vom Anfangswert 1.000, bis der Endwert 10.000 erreicht ist.
◆ In Spalte C soll zum Ausgangsdatum in C1 (01.08.2005) immer ein weiterer Tag hinzukommen; Ende = 10.08.2005.
◆ In Spalte D soll der Prozentsatz um 0,5 %, vom Ausgangswert 1 % aus, erhöht werden; Endwert = 8,5 %.

2.1.5.2 Zellbereiche verschieben

Zellbereiche verschieben bedeutet, dass diese aus ihrer ursprünglichen Position entfernt werden, um sie an einer anderen Tabellenposition einzufügen. Hierzu kennen Sie aus dem Menü BEARBEITEN die Befehlsfolge:
→ AUSSCHNEIDEN
→ EINFÜGEN.

Jetzt geht es schneller!
→ Den zu verschiebenden Bereich markieren.
→ Mauszeiger an der Zellenumrandung positionieren (Pfeil erscheint).
→ Bis zu dem gewünschten Bereich Maus ziehen.
→ Maustaste loslassen.

Sollte der Zielbereich nicht leer sein, erhalten Sie vorher einen Hinweis, der Sie auffordert eine Überschreibung zuerst zu bestätigen.

2.1.5.3 Tabellenoutfit ändern – Spielwiese für Ästheten

Der Menüpunkt
→ EXTRAS
→ OPTIONEN

bietet vielfältige Gestaltungsmöglichkeiten. Für den Anwender sind dies vor allem:

- Anzeige der verwendeten Formeln
- Ein- bzw. Ausblenden der Gitternetzlinien
- Anzeige der Zeilen- und Spaltenköpfe
- Seitenumbruch automatisch vornehmen lassen
- Bildlaufleisteneinsatz bestimmen
- usw.

Wollen Sie innerhalb einer bestehenden Tabelle weitere Fenster anzeigen lassen, so gilt es, den Menüpunkt FENSTER näher kennen zu lernen.

Bitte machen Sie sich mit den wichtigsten Punkten dieses Menüs vertraut.

2.1.5.4 Die Maus sinnvoll nutzen

Bisher konnte sich der Anwender auf die Benutzung der linken Maustaste beschränken. Der Einsatz der Maus wird aber dadurch aufgewertet, dass die rechte Maustaste den Benutzer unterstützt.

Vorgehensweise
→ Dateneingabe in eine beliebige Zelle.
→ Mausklick mit der rechten Maustaste auf den Zellinhalt.

Jetzt öffnet sich ein Menü (Kontextmenü) und bietet Ihnen inhaltsabhängig eine Reihe von Befehlen an, die Sie wahrscheinlich (oder sicher) in der aktuellen Situation benötigen. Abhängig von der Position, über der sich der Mauszeiger gerade befindet, ändert das Menü seinen Inhalt.

Salopp könnte man sagen: „Die rechte Maustaste denkt mit!"

2.1.5.5 Arbeitsmappen erleichtern die Verwaltung

Wichtig

Eine Arbeitsmappe ist das elektronische Gegenstück zu einem Aktenordner. In einer Arbeitsmappe finden Sie Blätter, beispielsweise Tabellenblätter und Diagrammblätter. Jeder Blattname erscheint auf einem Register am unteren Rand der Arbeitsmappe.

Entscheidungen treffen

Arbeitsmappenregister

2.2 Entscheidungen treffen

2.2.1 Einfache WENN-DANN-Funktionen

Excel stellt verschiedene logische Funktionen zur Verfügung, mit deren Hilfe Verknüpfungen von logischen Werten vorgenommen werden können.

Folgende Fragestellungen gehören zum betrieblichen Alltag:

WENN Aktienkurs <= 500,00 €	DANN verkaufe	SONST behalte das Papier
WENN Umsatz >= 1.000,00 €	DANN Provision = 10 %	SONST keine Zahlung
WENN Bestellmenge > 10 Stück	DANN gewähre 5 % Rabatt	SONST 3 %

Man bezeichnet solche Strukturen als **Auswahlanweisungen.**

Eine Auswahl wird dadurch getroffen, indem eine Frage mit Ja oder Nein beantwortet wird. Führt nur **ein** Fall zu einer Aktivität, so handelt es sich um eine **einfache** bzw. **einseitige Auswahl.**

Dies war bei den ersten beiden Beispielen der Fall:

WENN Aktienkurs <= 500,00 €	DANN verkaufe	SONST behalte das Papier
WENN Umsatz >= 1.000,00 €	DANN Provision = 10 %	SONST keine Zahlung

Führen beide Fälle zu einer Aktivität, so handelt es sich um eine **zweiseitige Auswahl,** was folgendes Beispiel verdeutlicht.

WENN Bestellmenge > 10 Stück	DANN gewähre 5 % Rabatt	SONST 3 %

Zum Aufbau einer einseitigen und einer zweiseitigen Auswahlstruktur bietet das System die WENN-DANN-SONST-Funktion an.

2.2.1.1 Provisionsberechnung mit relativer Adressierung

PROBLEMSTELLUNG

Die Berger OHG berechnet Provisionen für ihre Außendienstmitarbeiter, wobei folgende Bedingungen gelten: Bei einem Umsatz von 0 bis 400.000,00 € soll ein Provisionssatz von 20 % bezahlt werden; bei Umsätzen, die diese Grenze übersteigen, 30 %.

	A	B	C	D
1		Verkaufsprovision		
2	Vertreter	Umsatz	Provision 20 %	Provision 30 %
3	**Bedingungen**	Bei Umsätzen zwischen 0 und 400.000 Euro:		-> 20 % Provision
4		Bei übersteigenden Umsatzzahlen:		-> 30 % Provision
5	Bergmann	500.000,00 €		
6	Hausfried	250.000,00 €		
7	Berner	480.000,00 €		
8	Scharer	320.000,00 €		
9				
10	Dateiname: prov1.xls			
11	Register: prov1_aufg			

Problemanalyse

Ausgabedaten	Provisionen in Euro; 20 % in Spalte C, 30 % in Spalte D
Bedingungen	Berechne 20 % bei Umsätzen zwischen 0 und 400.000,00 €. Berechne 30 % bei Umsätzen über 400.000,00 €.
Eingabedaten	Verschiedene Namen von Vertretern in Spalte A sowie verschiedene Umsatzzahlen in Spalte B

Der Wert, der in C5 zu berechnen ist, berechnet sich nach der Anweisung:

WENN der Umsatz kleiner oder gleich 400.000,00 € ist, **DANN** berechne Umsatz * 0,2; **SONST** schreibe in die Zelle eine 0.

Für die Zelle D5 ergibt sich:

WENN Umsatz größer als 400.000,00 € ist, **DANN** berechne Umsatz * 0,3; **SONST** schreibe in die Zelle eine 0.

Wichtig

Eine WENN-DANN-SONST-Anweisung wird durch: =WENN(...) eingeleitet. In der Klammer stehen – durch Semikolon getrennt – drei Anweisungen:
- eine logische Anweisung (Prüfwert)
- ein DANN-Wert
- ein SONST-Wert

Adresse	Formel
C5	=WENN(B5<=400000;B5*0,2;0)
D5	=WENN(B5>400000;B5*0,3;0)

Operatoren	
>	größer
<	kleiner
<>	ungleich
>=	größer gleich
<=	kleiner gleich
UND	alle Aussagen sind wahr
ODER	mind. eine Aussage ist wahr

Falls anstatt der Ziffer 0 ein Leerfeld erzeugt werden soll, kann man die Ziffer 0 in der SONST-Anweisung durch Anführungszeichen ersetzen.
=WENN(B5<=400000;B5*0,2;"")

Entscheidungen treffen

Lösungstabelle

	A	B	C	D
1		Verkaufsprovision		
2	Vertreter	Umsatz	Provision 20 %	Provision 30 %
3	Bedingungen	Bei Umsätzen zwischen 0 und 400.000 Euro: -> 20 % Provision		
4		Bei übersteigenden Umsatzzahlen:		-> 30 % Provision
5	Bergmann	500.000,00 €	0,00 €	150.000,00 €
6	Hausfried	250.000,00 €	50.000,00 €	0,00 €
7	Berner	480.000,00 €	0,00 €	144.000,00 €
8	Scharer	320.000,00 €	64.000,00 €	0,00 €
9				
10	Dateiname: prov1.xls			
11	Register: prov1_lö			

2.2.1.2 Provisionsberechnung mit gemischter Adressierung

Problemstellung wie im vorangegangenen Beispiel.

	A	B	C
1		Provisionsabrechnung der Berger OHG	
2			
3		Grenzumsatz	400.000,00 €
4		Provisionssatz 1	20,00%
5		Provisionssatz 2	30,00%
6		Umsätze	Provisionen
7	Bergmann	500.000,00 €	
8	Hausfried	250.000,00 €	
9	Berner	480.000,00 €	
10	Scharer	320.000,00 €	
11		Durchschnittsprovision	
12			
13	Dateiname: prov2.xls		
14	Register: prov2_aufg		

Hinweis

Die Werte der Zellen C4 und C5 wurden mit dem Prozentformat formatiert.

In andere Zellen übertragbare Formel der Zelle C7	=WENN(B7>$C$3;B7*$C$5;B7*$C$4)
Formel zur Berechnung der Durchschnittsprovision	=MITTELWERT(C7:C10)

Aufgabenerweiterung

Erstellen Sie aus der Tabelle ein Säulendiagramm, bei dem die Namen der Vertreter auf der x-Achse und die Umsätze auf der y-Achse abgetragen werden.

Lösungshinweise

1. Tabellenbereich A6:C10 markieren.
2. Menüpunkt: EINFÜGEN/DIAGRAMM
3. Wahl des Diagrammtyps (Säule)
4. Den Datenbereich: „Reihe in Spalten" bestimmen.
5. x- und y-Achse beschriften.
6. Diagrammplatzierung auswählen.
7. Diagramm formatieren (rechte Maustaste).

Lösungstabellen

	A	B	C
1	**Provisionsabrechnung der Berger OHG**		
2			
3		*Grenzumsatz*	400.000,00 €
4		*Provisionssatz 1*	20,00%
5		*Provisionssatz 2*	30,00%
6		Umsätze	Provisionen
7	Bergmann	500.000,00 €	150.000,00 €
8	Hausfried	250.000,00 €	50.000,00 €
9	Berner	480.000,00 €	144.000,00 €
10	Scharer	320.000,00 €	64.000,00 €
11		Durchschnittsprovision	102.000,00 €
12			
13	*Dateiname: prov2.xls*		
14	*Register: prov2_lö*		

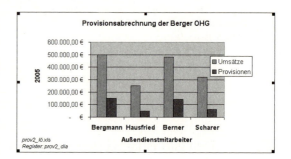

2.2.2 Geschachtelte WENN-DANN-Funktionen

Auf einen Blick

Wird innerhalb einer WENN-Funktion eine weitere formuliert, spricht man von einer mehrstufigen Verzweigung.
Allgemein gilt:
`=WENN(Bedingung1;DANNWERT1;WENN(Bedingung2;DANNWERT2;SONSTWERT2))`

2.2.2.1 Provisionsberechnung mit mehreren WENN-Anweisungen

Für die Entlohnung von Außendienstmitarbeitern gelten folgende Bedingungen:

WENN der erreichte Umsatz …	DANN …
geringer als 300.000,00 € ist,	wird keine Provision gezahlt.
zwischen 300.000,00 € und 400.000,00 € liegt,	werden 5,0 % Provision gezahlt.
zwischen 400.000,00 € und 500.000,00 € liegt,	werden 8,0 % Provision gezahlt.
über 500.000,00 € ist,	werden 10,0 % Provision gezahlt.

Unabhängig vom Umsatz erhält jeder Außendienstmitarbeiter eine Grundvergütung von 2.000,00 €.

Entscheidungen treffen

Lösungshinweise

Bei dieser Problemstellung werden mehrere Bedingungen formuliert. Es gelangen jetzt drei WENN-Anweisungen zum Einsatz. Hier ist z. B. die zweite WENN-Anweisung das Argument SONST-Wert der ersten WENN-Anweisung. Ähnliches gilt für die dritte WENN-Anweisung, die das Argument SONST-Wert der zweiten WENN-Anweisung ist. Ergibt z. B. die erste Prüfung den Wert WAHR, wird der DANN-Wert der ersten Prüfung zurückgegeben. Ergibt die erste Prüfung den Wert FALSCH, wird die zweite WENN-Anweisung ausgeführt usw.

Aufgabe

Erstellen Sie die Provisionstabelle und stellen Sie das Gehalt der Mitarbeiter in einem geeigneten Diagramm dar.

	A	B	C	D
1	Provisionsabrechnung für Monat Februar 20..			
2		Grundgehalt:	2.000,00 €	
3		Umsatz	Provision	Gesamtgehalt
4	Bergmann	500.000,00 €		
5	Hausfried	250.000,00 €		
6	Berner	480.000,00 €		
7	Scharer	320.000,00 €		
8				
9	Dateiname: prov3.xls			
10	Register: prov3_aufg			

Lösungstabelle mit Diagramm

	A	B	C	D	E	F
1	Provisionsabrechnung für Monat Februar 20..					
2		Grundgehalt:	2.000,00 €			
3		Umsatz	Provision	Gesamtgehalt		
4	Bergmann	500.000,00 €	50.000,00 €	52.000,00 €		
5	Hausfried	250.000,00 €	0,00 €	2.000,00 €		
6	Berner	480.000,00 €	38.400,00 €	40.400,00 €		
7	Scharer	320.000,00 €	16.000,00 €	18.000,00 €		
8						
9	Dateiname: prov3.xls					
10	Register: prov3_lö					

Diagrammerstellung

Markierung:
A3:A7 und D3:D7

- ◆ DIAGRAMM
- ◆ DIAGRAMMOPTIONEN
- ◆ Register: Datenbeschriftung
- ◆ %-anzeigen

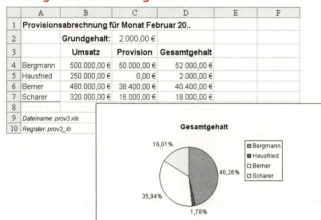

Übertragbare Formeln

C4 `=WENN(B4<300000;0;WENN(B4<400000;B4*0,05;WENN(B4<500000;B4*0,08;B4*0,1)))`

D4 `=$C$2+C4`

2.2.2.2 Provisionsberechnung mit WENN-ODER-Anweisungen

PROBLEMSTELLUNG

Abweichend von der Provisionsberechnung (Alternative 1) gelten jetzt folgende Bedingungen:

Die Provision beträgt 10 % vom Umsatz, wenn die Betriebszugehörigkeit entweder 10 Jahre und mehr beträgt oder wenn in Vollzeit gearbeitet wird. Ansonsten beträgt der Provisionssatz 5 % des Umsatzes.

Lösungshinweise

In der formulierten Problemstellung kommt jetzt neu hinzu, dass eine „entweder-oder-Aussage" in eine Formel umzusetzen ist. Hierzu dient der Prüfausdruck **ODER**. Er gibt WAHR zurück, wenn **ein** Argument WAHR ist. Er gibt FALSCH zurück, wenn **alle** Argumente FALSCH sind.

	A	B	C	D	E	F
1		Provisionsabrechnung der Berger OHG					
2						
3	Datum		Hier soll das aktuelle Datum stehen.			
4	ProvSatz 1	5				
5	ProvSatz 2	10				
6						
7	Name	Eintritt	Betriebszuhörigkeit in Jahren	Arbeitszeit	Umsatz 20..	Provision
8	Bergmann	12.10.1978		Vollzeit	500.000,00 €	
9	Hausfried	25.02.1993		Vollzeit	250.000,00 €	
10	Berner	01.04.1998		Teilzeit	480.000,00 €	
11	Scharer	01.10.1985		Vollzeit	320.000,00 €	
12						
13	Dateiname: prov5.xls						
14	Register: prov5_aufg						

Formeln

B3	=HEUTE()
C8	=($B$3-B8)/365
F8	=WENN(ODER(C8>=10;D8="Vollzeit");$B$5*E8/100;$B$4*E8/100)

Formeln mit Namen

C8	=(Datum-B8)/365
F8	=WENN(ODER(C8>=10;D8="Vollzeit");ProvSatz2*E8/100;ProvSatz1*E8/100)

2.2.2.3 Provisionsberechnung mit WENN-ODER-UND-Anweisungen

PROBLEMSTELLUNG

Abweichend von obiger Provisionsberechnung gelten jetzt folgende Bedingungen:

Die Provision beträgt 10 % vom Umsatz, wenn sowohl die Betriebszugehörigkeit mindestens 10 Jahre beträgt **und** in Vollzeit gearbeitet wird **oder** wenn die Umsatzsteigerung zum Vorjahr mehr als 30.000,00 € beträgt. Andernfalls werden 5 % Provision bezahlt. Name der Arbeitsmappe: *prov6.xls*

Lösungshinweise

In der formulierten Problemstellung kommt jetzt neu hinzu, dass neben der „entweder-oder-Aussage" eine „und-Aussage" in eine Formel umzusetzen ist. Hierzu dient der Prüfausdruck **UND**. Er gibt WAHR zurück, wenn **alle** Argument WAHR sind. Er gibt FALSCH zurück, wenn ein einziges Argument FALSCH ist.

Formeln

C8	`=($B$3-B8)/365`
G8	`=WENN(ODER(UND(C8>=10;D8="Vollzeit");F8-E8>=30000);F8*$B$5/100;F8*$B$4/100)`

2.2.2.4 Mit Funktionen sinnlose Eingaben vermeiden

PROBLEMSTELLUNG

In einer Tabelle werden die Einnahmen und Ausgaben der vergangenen zwölf Monate addiert. Rein theoretisch könnten Sie irgendwo versehentlich eine Null zu viel eintippen und aus der Ausgabe für den September über 5.000,00 € auf diese Weise 50.000,00 € machen. Mit der WENN-Funktion können Sie solche offensichtlich unsinnigen Eingaben zwar nicht verhindern, aber mit einer Textausgabe darauf hinweisen, dass z. B. die Summe aller Eingaben 100.000,00 € oder die Summe aller Ausgaben 80.000,00 € nicht übersteigen darf.

	A	B	C	D
1		Einnahmen	Ausgaben	
2	Jan	3000	7990	
3	Feb	3800	3988	
4	März	7000	6200	
5	Apr	11000	12000	
6	Mai	7200	4500	
7	Jun	3800	3200	
8	Jul	4900	4900	
9	Aug	6949	4870	
10	Sep	9121	50000	
11	Okt	4399	5200	
12	Nov	8232	3422	
13	Dez	8326	3822	
14	Summen	77.727,00	Irgendwas stimmt nicht!	
15				
16	Dateiname: sinnlos1.xls			

Formeln

B14	`=WENN(SUMME(B2:B13)<100000;SUMME(B2:B13);"Irgendwas stimmt nicht!")`
C14	`=WENN(SUMME(C2:C13)<80000;SUMME(C2:C13);"Irgendwas stimmt nicht!")`

2.2.2.5 WENN-Funktionen im Überblick

1. **Verschachtelte WENN-Funktionen**
   Beispiel
   ```
   =WENN(A1="";"";WENN(B1="";A1;WENN(B1<10;A1*B1;A1*B1*0,95)))
   ```
   Erklärungen
   Wenn A1 leer ist, wird kein Ergebnis angezeigt (also eine leere Zeichenkette). Wenn B1 leer ist (in diesem Fall ist bereits sichergestellt, dass A1 nicht leer ist), wird als Ergebnis der Inhalt von A1 angezeigt. Die dritte WENN-Funktion kommt erst zur Geltung, wenn sichergestellt ist, dass sowohl A1 als auch B1 nicht leer sind.

2. **Zusammengesetzte Bedingungen**
   Häufig müssen mehrere Bedingungen gleichzeitig oder wahlweise erfüllt sein. Zu diesem Zweck können Sie mehrere Bedingungen in einer UND- oder in einer ODER-Funktion angeben. UND liefert als Ergebnis den Wahrheitswert WAHR, wenn alle aufgezählten Bedingungen erfüllt sind. ODER liefert bereits den Wahrheitswert WAHR, wenn zumindest eine Bedingung erfüllt ist.

2.2.3 Tests und Übungsaufgaben zur Lernzielkontrolle

2.2.3.1 Aktiendepotverwaltung

Herr Berger verwaltet in einer tabellarischen Übersicht seine Aktien, die sich im Depot der xyz-Bank befinden. Als umsichtiger Kaufmann formuliert er bezüglich des Verkaufes der Papiere folgende Strategie:

Bedingung 1	Zwischen dem heutigen Datum und dem Kaufdatum muss mehr als 1 Jahr liegen.
Bedingung 2	Der Kursgewinn in % abzüglich dem Mindestgewinn in % muss größer 0 sein. (Tastatureingabe in G3)
Auszugebender Text in G6: „Verkaufen"/„Abwarten"	
In der Zelle G2 soll immer das aktuelle Datum stehen.	

Tabellengerüst

	A	B	C	D	E	F	G	H
1	Aktiendepotverwaltung							
2						Datum:		
3						Mindestgewinn in %:	10	
4								
5			Nennwert	Kaufkurs	Kaufdatum	aktueller Kurs	Kursgewinn in %	Empfehlung	Kursgewinn
6	Aktie1	50,00	320,00	16.08.2000	453,00 €			
7	Aktie2	50,00	454,00	19.12.2001	432,00 €			
8	Aktie3	50,00	320,00	13.02.2002	451,00 €			
9	Aktie4	50,00	1.002,00	12.01.1999	1.034,00 €			
10	Aktie5	50,00	223,00	23.01.2002	321,00 €			
11	Aktie6	50,00	232,00	05.06.2001	453,00 €			
12	Aktie7	50,00	253,00	12.06.2000	415,00 €			
13								
14	*Dateiname: aktien1.xls*							
15	*Register: aktien1_aufg*							

Entscheidungen treffen

2.2.3.2 Wer nicht zahlt, bekommt Ärger

PROBLEMSTELLUNG

Mittels einer Terminüberwachungsliste sollen Zahlungseingänge kontrolliert werden. Es soll nur dann eine Mahnung erfolgen, wenn zwischen dem heutigen Datum (Zelle B3) und dem letzten Auftrag mehr als 4 Wochen liegen **und** der Auftragswert größer als 1.000,00 € ist. Liegen beide Bedingungen vor, soll in Spalte D die Bemerkung „Nachhaken" erscheinen.

	A	B	C	D
1	Außendienstliste	Bei Aufträgen über 1.000,00 Euro		
2		in vier Wochen erneut nachfragen!		
3	Heutiges Datum:	19.10.2005		
4		Letzter Auftrag	Auftragshöhe	Bemerkung
5	Kühn	20.2.05	3.430,69 €	Nachhaken
6	Engel	23.2.05	612,73 €	
7	Ilgner	21.2.05	9.384,45 €	Nachhaken
8	Günther	12.2.04	909,45 €	
9	Döhrer	2.2.05	7.979,23 €	Nachhaken
10	Hafner	6.2.05	4.345,23 €	Nachhaken
11	Dürrschnabel	3.2.05	204,34 €	
12	Kraus	2.10.05	3.241,87 €	
13				
14	Dateiname: aussen1.xls			
15	Register: aussen1_aufg			

Arbeitsauftrag

- Formulieren Sie für die Spalte D die zusammengesetzte WENN-Anweisung.
- Nur wenn beide Bedingungen den Wahrheitswert WAHR annehmen, soll ab D5 das Wort „Nachhaken" ausgegeben werden. Entspricht die Bedingung dem Wahrheitswert FALSCH, soll die Zelle leer sein.
- Verwenden Sie in B3 eine Datumsfunktion.

2.2.3.3 Wer nicht zahlt, bekommt massiven Ärger

Offene Posten sind ein massives Ärgernis, weshalb gilt:
1. Die Rechnungen sind nach spätestens 30 Tagen zu bezahlen.
2. Der Zinssatz für die Verzugszinsen beträgt zz. 12 %.
3. Das aktuelle Datum soll vom System automatisch in F3 eingetragen werden.

Berechnen Sie die fehlenden Positionen folgender Tabelle:

	A	B	C	D	E	F	G	H
1	Offene Rechnungen der Berger OHG							
2								
3	Zahlungsziel (in Tagen)		30		Aktuelles Datum:			
4	Zinssatz d. Verzugszins		12					
5	ReNr.	Kunde	ReDat.	Betrag	Fälligkeit	Status	Tage	Verzugszinsen
6	10010	Berg	23.12.2005	2.900,00 €				
7	20020	Schulz	28.12.2005	8.000,00 €				
8	10050	Maisch	30.12.2005	44,50 €				
9	30080	Keller	01.09.2005	2.500,00 €				
10								
11	Summe der offenen Posten:							
12	Ø Rechnungsbetrag:							
13	Datum der ältesten Rechnung:							
14								
15	Dateiname: offpost1							
16	Register: offpost1_aufg							

Lösungshinweise

1. Bestimmen Sie das Fälligkeitsdatum, wobei gilt, dass die Werte der Spalten C und E sowie C3 und F3 mit dem Datumsformat zu formatieren sind.
2. In der Spalte F soll – je nachdem, ob das Zahlungsziel überschritten wurde oder nicht – der Hinweis: „überzogen um" oder „fällig in" [Tage(n)] ausgegeben werden.
3. Sollte das Zahlungsziel überschritten sein, sind die Verzugszinsen zu berechnen.
4. In der Spalte H sollen die Gesamtforderungen ausgegeben werden.

Die **Funktion ABS** gibt den absoluten Wert einer Zahl, d. h. die Zahl ohne ihr Vorzeichen aus.

| =ABS(2) | Absoluter Wert von 2 (2) |
| =ABS(-2) | Absoluter Wert von -2 (2) |

Dies ist u. a. in der Spalte G erforderlich, da die Berechnung der Differenz von $F$3-E6 negative Zahlen ausgeben würde. Somit gilt: =ABS($F$3-E6)

2.2.3.4 Prämien- und Gehaltsberechnung

PROBLEMSTELLUNG

Das Gehalt einiger Außendienstmitarbeiter setzt sich aus einem Grundgehalt (2.500,00 €) und einer von der erzielten Umsatzhöhe abhängigen Prämie zusammen. Es gelten folgende Bedingungen:

1. Ist der Umsatz > 800.000,00 €, werden 400,00 € (Prämie 1) bezahlt.
2. Übersteigt der Umsatz das Fünfundsiebzigfache des Festgehalts, werden 1 % (Prämie 2) bezahlt.
3. Wird weder Prämie 1 noch Prämie 2 erzielt, so werden 100,00 € bezahlt.

Arbeitsauftrag

Berechnen Sie die fehlenden Werte lt. nebenstehendem Tabellengerüst.

	A	B	C	D	E	F	G
1	Prämien- und Gehaltsberechnung						
2		Umsatz	Grundgehalt	Prämie 1	Prämie 2	Prämie 3	Gesamt
3	Bergmann	400.000,00 €					
4	Hausfried	160.000,00 €					
5	Berner	700.500,00 €					
6	Scharer	960.000,00 €					
7						Summe	
8	Dateiname: prämie1						
9	Register: prämie1_aufg						

2.2.3.5 Umsatzauswertungen mit mehreren Bedingungen

Gegeben ist die Kundentabelle, welche die am aktuellen Tag getätigten Umsätze gegenüberstellt, wobei folgende Rabattbedingungen gelten:

Bedingungen (Die €-Beträge wurden bewusst klein gewählt)

1. Ist der Kunde bereits mehr als ein Jahr Kunde und kaufte er Waren, die den Warenwert von 1.000,00 € übersteigen, so wird ihm ein Rabattsatz über 10 % gewährt.
2. Ist der Kunde bereits mehr als ein Jahr Kunde und kaufte er Waren im Wert von weniger als 1.000,00 €, so wird ihm ein Rabattsatz über 5 % gewährt.
3. Unabhängig von der Umsatzhöhe soll jeder Kunde einen Reisegutschein erhalten, wenn er länger als 10 Jahre Kunde ist.

Arbeitsaufträge

→ Prüfen Sie, ob in D5 die Tagedifferenz größer 365 ist. Trifft diese Bedingung zu, wird geprüft, ob der Umsatz größer 1.000,00 € ist. Sind beide Bedingungen erfüllt, werden vom Umsatz 10 % Rabatt berechnet, sonst bleibt die Zelle leer. Schließen Sie in diese Prüfung die Tatsache mit ein, dass vor der Datenausgabe die Zelle D5 auf jeden Fall leer sein muss.

	A	B	C	D	E	F
1	Umsatzübersicht			Datum:		
2						
3						
4	Firma	Kunde seit:	Umsätze	Rabatt 10 %	Rabatt 5 %	Reisegutschein
5	Berner	01.12.1999	2.000,00 €			
6	Bauer	02.04.2003	400,00 €			
7	Hansen	02.09.2001	520,00 €			
8	Braun	24.08.1999	99,99 €			
9	Kilb	13.01.1998	12.600,00 €			
10	Eisenhauer	05.08.1998	8.500,00 €			
11	Scharer	21.09.2004	500,00 €			
12	Wich	22.07.2001	199,99 €			
13	Reith	12.02.1985	200,00 €			
14	Fritz	17.08.1998	450,50 €			
15						
16	Dateiname: umsatz1.xls					
17	Register: umsatz1_aufg					

→ Prüfen Sie, ob der Umsatz kleiner 1.000,00 € beträgt und die Tagedifferenz größer 365 ist. Dann wird der Rabatt mit einem Rabattsatz von 5 % berechnet, sonst bleibt die Zelle leer.

In F5 soll das Wort „Ja" ausgegeben werden, wenn der Kunde länger als 10 Jahre Umsätze getätigt hat; sonst bleibt die Zelle leer.

2.2.3.6 Bonusberechnung

Die Berger OHG gewährt Kunden, die im Jahresverlauf Umsätze lt. Tabelle (F7:F9) erzielt haben, die in Spalte G ausgegebenen Bonussätze. Die Umsätze wurden aus Praktikabilitätsgründen bewusst klein gewählt.

Probleme in Tabellenform lösen

	A	B	C	D	E	F	G
1	**Kundenname**	**Jahresumsatz**	**Bonus**				
2	Froh OHG	64.100,00 €					
3	Zunupio Franz	34.500,00 €					
4	Bergmann KG	50.000,00 €			**Bedingungen**		
5	Müller Johann	100.000,00 €					
6	Sportring 2000	124.000,00 €			wenn Umsatz..	Umsatz	Bonussatz
7	KTS modern	48.000,00 €			unter	50.000,00 €	0 %
8	Fux OHG	79.400,00 €			bis unter	100.000,00 €	2 %
9					ab	100.000,00 €	5 %
10	**Summen:**						
11	Gesamtumsatz abzgl. Boni:						
12							
13	**durchschnittlicher Bonus in %**						
14	**höchster Jahresumsatz**						
15	**geringster Jahresumsatz**						
16							
17	Dateiname: bonus1.xls						
18	Register: bonus1_aufg						

→ Berechnen Sie in Spalte C die Bonus-Eurobeträge mittels geschachtelter WENN-DANN-Anweisungen.

2.2.3.7 Angebotsvergleich

PROBLEMSTELLUNG

Die Berger OHG möchte das Fitnessstudio mit einer Kraftmaschine ergänzen. Zur Auswahl stehen vier ausländische Anbieter. Mithilfe einer Excel-Tabelle sollen die verschiedenen Angebote verglichen werden. Dazu sind die Kaufpreise in ausländischer Währung zunächst in Euro umzurechnen.

Die Provision für die abzuschließende Transportversicherung ist ein bestimmter Prozentsatz des Euro-Nettokaufpreises. An Importzoll fällt ebenfalls ein bestimmter Prozentsatz des Euro-Nettokaufpreises an.

In Zelle C16 soll der Name des preisgünstigsten Anbieters ausgegeben werden.

	A	B	C	D	E
1	Lieferantenvergleichsrechnung				
2	Wechselkurs (€/$)	0,88		zz. = 1 Dollar = 1,15 Euro	
3	Wechselkurs (€/SFR)	0,66			
4	Transportversicherung (%)	5			
5	Importzoll (%)	7,5			
6					
7	Anbieter	Lennen Ltd.	Forster Ltd.	Fox Ltd.	Zug AG
8	Land	USA	USA	USA	Schweiz
9	Nettopreis	34.100,00	33.900,00	35.150,00	38.300,00
10	Nettopreis (€)				
11	Transportversicherung				
12	Importzoll				
13					
14	Bruttopreis (€)				
15					
16	Der preisgünstigste Lieferant ist:				
17					
18	Dateiname: angeb_vgl_2				
19	Register: angeb_vgl_2_aufg				

Ergebnisse analysieren

Lösungshinweise

in B10 gilt:	Multipliziere den Nettopreis mit dem jeweiligen Kurs, der mit einer WENN-DANN-Anweisung auszuwählen ist.
in B11 gilt:	Berechnung der Transportversicherung, bezogen auf den Prozentsatz in Zelle B4
in B12 gilt:	wie oben, jedoch bezogen auf die Zelle B5
in C16 gilt:	Prüfung, ob entweder in der Zelle B14, C14, D14 und E14 sich das Minimum befindet; wenn ja, Ausgabe des Lieferernamens in C16

2.3 Ergebnisse analysieren

2.3.1 Verknüpfte Tabellen auswerten

Auf einen Blick

Aus verschiedenen bereits erstellten Tabellen sollen einzelne Daten in einer neuen Tabelle zusammengefasst werden. Bei Änderungen der Daten in den Quelldateien sollen diese Änderungen auch in der abhängigen Tabelle erscheinen. Dieses Prinzip der Verknüpfung soll anhand folgender Problemstellung verdeutlicht werden.

PROBLEMSTELLUNG 1: Umsatzvergleich

Die Berger OHG führt seit mehreren Jahren eine Verkaufsstatistik der einzelnen Quartalsumsätze der Warengruppen Camping, Hallensport, Wintersport und Tennis durch. Die Umsatzanteile und deren prozentuale Verteilung sollen in einer Jahresgesamttabelle zusammengestellt werden. Auch hier wurden die Zahlen bewusst klein gewählt.

Arbeitsaufträge

1. Erstellen Sie jeweils vier verschiedene Tabellen, welche die Quartalsumsätze ausgeben. In der Spalte A sind die Monate, in den Spalten B bis E sind die Umsätze der einzelnen Geschäftsbereiche und in der Spalte F die Summen auszugeben.
2. Ermitteln Sie in den Zeilen 8 bis 10 die prozentualen Anteile. Die Gesamtsumme in F6 entspricht 100 %.
3. Ermitteln Sie in Zeile 11 die Summe der prozentualen Anteile.
4. Tabellennamen: *verknüp1/2/3/4.xls*
5. Die Summen der Zeile 6 jeder Tabelle sollen in eine Auswertungstabelle mit dem Namen *gesamt.xls* übertragen werden.

Vier Einzeltabellen im Überblick

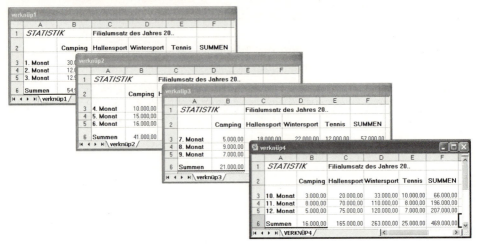

Lösungshinweise

1. Sollten die einzelnen Fenster anders dargestellt sein, so wählen Sie:

   → FENSTER

   → ANORDNEN bzw. „nebeneinander vergleichen mit…"

   Sie haben jetzt die Wahl, die Optionen *unterteilt/horizontal/vertikal* bzw. *überlappend* zu wählen.

2. Erstellen Sie eine neue Tabelle zur Aufnahme der Jahresdaten (Tabellenname = *gesamt*).

3. Wechseln Sie in die Gesamttabelle und geben Sie in der Zelle B3 das Gleichheitszeichen ein.

4. Wechseln Sie in die Tabelle *verknüp1* (vorrangige Tabelle) und markieren Sie die Zelle B6. Wenn Sie danach mit der Taste <Return> bestätigen, wird der Zellinhalt der vorrangigen Tabelle (B6) in die Zelle B3 der abhängigen Tabelle übertragen mit der Maßgabe, dass immer dann, wenn sich in der vorrangigen Tabelle Daten ändern, diese Änderungen in der abhängigen Tabelle wirksam werden.
   VERKNÜP1.XLS!$B$6 ist die Bezugsformel. Das Ausrufezeichen weist auf die Tabellenverknüpfung hin. VERKNÜP1.XLS ist der Name der vorrangigen Tabelle, $B$6 ist die Adresse der Zelle, auf die sich die Formel bezieht.

Ergebnisse analysieren

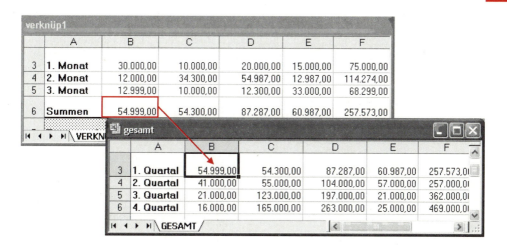

2.3.2 Tabellenauswertung mit der Funktion SVERWEIS

Auf einen Blick

Eine Tabelle ist in zwei Tabellenbereiche aufzuteilen. In dem einen Tabellenbereich ist ein Suchkriterium einzugeben, meist irgendeine Nummer. Dieses Suchkriterium verweist auf den anderen Tabellenbereich (Informationstabelle) und gibt alle gesuchten Daten komplett aus.

Beispiel

Wird in einem Tabellenbereich z. B. eine Artikelnummer eingegeben, so soll die Funktion SVERWEIS es ermöglichen, aus der Informationstabelle alle dazugehörenden Daten in einem separaten Bereich (z. B. Preise, Lieferzeit, Lieferbedingungen, …) auszugeben. Das S in SVERWEIS steht für „Senkrecht".

PROBLEMSTELLUNG 1: Mietwagenkonditionen

Die Berger OHG bietet mehrere Campingfahrzeuge als Mietwagen an. Die Preise richten sich nach der Kilometerleistung (0,85 €/km) sowie einer Pauschale über 190,00 €.

Allgemeine Form der Funktion

```
SVERWEIS(Suchkriterium; Matrix; Spaltenindex)
```

- „Suchkriterium" ist der Wert, der in der ersten Spalte der Matrix gefunden werden soll.
- „Matrix" ist die Tabelle mit Informationen, in der die Daten nachgeschlagen werden.
- Der Spaltenindex (Durchnummerierung der Spalten von links nach rechts) von 1 liefert den Wert, der in der ersten Spalte der Informationstabelle steht.

Wichtig

Die Werte der ersten Spalte der Matrix müssen in aufsteigender Reihenfolge angeordnet sein.

Probleme in Tabellenform lösen

Arbeitsauftrag

Erstellen Sie eine Mietabrechnung, in der lediglich in der Zeile 13 die Fahrzeugnummer und die Kilometerleistung einzugeben sind. Alle anderen Daten soll Excel berechnen.

Lösungshinweise

1. Erstellen Sie bis zur Zeile 7 die Tabelle der Mietkonditionen.
2. Erstellen Sie ab der Zeile 10 die Abrechnungstabelle.
3. Cursor in Zelle C14 positionieren.
4. Aktivieren Sie die Funktion SVERWEIS (Funktionsassistenten anklicken).
5. Suchkriterium = $C$13
6. Matrix = $A$4:$D$7 (zu durchsuchender Tabellenbereich)
7. Spaltenindex = 2 (Achten Sie darauf, dass die Tabelle nach der Spalte des Suchkriteriums sortiert ist.)

Ausgangstabelle

	A	B	C	D	E
1		Wohnmobil Mietkonditionen			
2					
3	Nr.	Kfz	Pauschale	km-Geld	
4	1	Camping Star I	180,00 €	0,80 €	Tabelle der
5	2	Camping Star II	190,00 €	0,85 €	Datenquelle
6	3	Alltour Sun I	135,00 €	0,66 €	(Informationstabelle)
7	4	Alltour Sun II	145,00 €	0,55 €	(Verweistabelle)
8					
9					
10		Abrechnung:		inkl. MWSt	16,00 %
11					
12			Nummer	gefahrene km	Kosten
13		Eingabe:			
14		Kfz			
15		Pauschale			- €
16		km-Geld			- €
17		Betrag (Netto)			- €
18		MWSt			- €
19		Gesamt			- €
20					
21		Dateiname: mobil1.xls			
22		Register: mobil1_aufg			

Lösungstabelle

	A	B	C	D	E
1		Wohnmobil Mietkonditionen			
2					
3	Nr.	Kfz	Pauschale	km-Geld	
4	1	Camping Star I	180,00 €	0,80 €	Tabelle der
5	2	Camping Star II	190,00 €	0,85 €	Datenquelle
6	3	Alltour Sun I	135,00 €	0,66 €	(Informationstabelle)
7	4	Alltour Sun II	145,00 €	0,55 €	
8					
9					
10		Abrechnung:		inkl. MWSt	16,00 %
11					
12			Nummer	gefahrene km	Kosten
13		Eingabe:	2	1200	
14		Kfz	Camping Star II		
15		Pauschale	190,00 €		190,00 €
16		km-Geld	0,85 €		1.020,00 €
17		Betrag (Netto)			1.210,00 €
18		MWSt			193,60 €
19		Gesamt			1.403,60 €
20					
21		Dateiname: mobil1.xls			
22		Register: mobil1_lö			

Formeltabelle

	A	B	C	D	E
10		Abrechnung		inkl. MWSt	0,16
11					
12			Nummer	gefahrene km	Kosten
13		Eingabe:	2	1200	
14		Kfz	=SVERWEIS($C$13;$A$4:$D$7;2)		
15		Pauschale	=SVERWEIS($C$13;$A$4:$D$7;3)		=C15
16		km-Geld	=SVERWEIS($C$13;$A$4:$D$7;4)		=$D$13*C16
17		Betrag (Netto)			=SUMME(E15:E16)
18		MWSt			=E17*$E$10
19		Gesamt			=SUMME(E17:E18)
20					
21		Dateiname: mobil1.xls			
22		Register: mobil1_formel			

Aufgabenerweiterung

Ersetzen Sie den Matrixbereich (`$A$4:$D$7`) durch einen Bereichsnamen.

PROBLEMSTELLUNG 2: Gehaltsabrechnung mit SVERWEIS

Die Berger OHG verwaltet in tabellarischer Form die Gehaltsabrechnung von sieben Mitarbeitern. Im zweiten Tabellenbereich wird die (fiktive) Lohnsteuertabelle geführt. Mittels

Ergebnisse analysieren

der Funktion SVERWEIS soll in der Haupttabelle der Steuersatz eingeblendet werden, der sich nach der Höhe der in der Lohnsteuertabelle eingetragenen Beträge richtet.

Aufgabentabelle

	A	B	C	D	E	F
1	Gehaltsabrechnung					
2	Name	Brutto	Steuersatz	Lohnsteuer	Kirchensteuer	Netto
3	Schulz	42.000,00 €				
4	Frank	45.030,00 €				
5	Bergmann	98.034,00 €				
6	Hinte	48.034,00 €				
7	Frenk	45.621,00 €				
8	Karlein	33.566,00 €				
9	Scharer	88.032,00 €				
10	Summen					
11						
12	Lohnsteuertabelle (fiktive Zahlen)					
13	- €	0,00 %				
14	5.300,00 €	15,00 %				
15	12.500,00 €	20,00 %				
16	18.000,00 €	25,00 %				
17	25.000,00 €	30,00 %				
18	36.000,00 €	40,00 %				
19	52.000,00 €	50,00 %		Dateiname: gehalt2.xls		
20	85.000,00 €	54,00 %		Register: gehalt2_aufg		

Lösungshinweise

1. Brutto = Name des Bereiches von B3 bis B9
2. Weitere Namen der Haupttabelle: Kirchensteuer, Lohnsteuer, Steuersatz
3. Name des zweiten Tabellenbereiches = Lohnsteuertabelle
4. Kirchensteuer = 1,5 % der Lohnsteuer

Übertragbare Formeln

C3	=SVERWEIS(Brutto;Lohnsteuertabelle;2)
D3	=Brutto*Steuersatz
E3	=Lohnsteuer*1,5/100
F3	=Brutto-Lohnsteuer-Kirchensteuer

2.3.3 Projekt: Vom Lieferschein zur Rechnungsstellung

PROBLEMSTELLUNG

Die Berger OHG möchte ihr Rechnungswesen auf EDV umstellen. Hierzu ist ein Formular zu erstellen, das zur Erstellung von Rechnungen verwendet werden kann. Dabei soll das jeweilige Rechnungsdatum automatisch eingefügt und ab einer Stückzahl von 10 Stück automatisch ein Mengenrabatt von 5 % vergeben werden. Neben dem Rechnungsformular soll eine Preisliste mit dem Ziel erstellt werden, dass nach Eingabe der entsprechenden Artikelnummer automatisch die Artikelbezeichnung und der Einzelpreis aus der Preisliste in die Rechnung übernommen werden.

Bedingungen für die Preisgestaltung

1. Ist die Stückzahl kleiner 10, so wird kein Preisnachlass gewährt.
2. Zwischen 10 und 99 Stück beträgt der Rabattsatz 5 %.

3. Ab 100 Stück gewährt die Firma 10 % Rabatt.
4. Es erfolgt eine Plausibilitätsprüfung der Dateneingabe: Stückzahlen und Artikelnummern müssen > 0 sein.

Vorschlag einer Tabellengestaltung

	A	B	C	D	E	F	G	H	I
1		Rechnung					Preisliste		
2	Firma			Kunden-Nr.		1234	Nr.	Bezeichnung	
3	Wellness Park			Auftr.-Nr.		222	1	Rennski Davos	599,00 €
4	Industriestraße 9			vom		19.12.02	2	Rennski Cortina	688,00 €
5				Rechn.-Nr.		222	3	Fußball 98	99,00 €
6	76437	Rastatt		vom			4	Handball goal	120,00 €
7							5	Skiwachs	9,99 €
8	ArtNr	Stück	ArtBez	Preis	Rabatt	Gesamtpreis	6	Tennisshirt 99	199,00 €
9					%		7	T-Shirt racer	88,00 €
10	8	12					8	T-Shirt sky	99,00 €
11	11	8					9	Tennisshirt 2000	220,00 €
12	7	25					10	Tennisschuhe winner	220,00 €
13							11	T-Shirt blue	120,00 €
14							12	Trainingsanzug 98	166,99 €
15		Rechnungsbetrag:					13	Skateboard runner	229,00 €
16									
17	Dateiname: rech1.xls			hier steht das aktuelle Datum					
18	Register rech1_aufg								

Erklärungen und Lösungshinweise

→ Benennen Sie den Bereich der Preisliste (G3 bis I15) mit dem Namen *Preis*.
→ Der Bereich für die Eingabe der Artikelnummer erhält den Namen *ArtNr*.
→ Verwenden Sie in F6 die Funktion HEUTE().

Wichtige Formeln

C10	=WENN(ArtNr>0;SVERWEIS(ArtNr;Preis;2);" ")
D10	=WENN(ArtNr>0;SVERWEIS(ArtNr;Preis;3);" ")
E10	=WENN(B10<10;0;WENN(B10<100;5;10))
F10	=WENN(A10>0;B10*D10*(100-E10)/100;" ")

Aufgabenerweiterung 1

Obige Tabelle soll dahin gehend erweitert werden, dass nach Eingabe der Kundennummer in Zelle F2 die gesamte Adresse inkl. Anrede ab der Zelle A2 automatisch eingetragen werden.

Lösungshinweise

→ Erstellen Sie einen eigenen Tabellenbereich für die Kundenadressen. In unserem Fall wurde die Kundenliste ab der Zelle K2 erstellt.
→ Benennen Sie den gesamten Bereich mit einem Namen, z. B.: *Kunden*.
→ Benennen Sie die Zelle F2 mit dem Namen *KdNr*.
→ Definieren Sie den SVERWEIS, z. B. in Zelle A2:

Formel

```
=WENN(KdNr>0;SVERWEIS(KdNr;kunden;2);" ")
```

Ergebnisse analysieren

	K	L	M	N	O	P
1	Kundenliste					
2	KdNr	Anrede	Name	Straße	PLZ	Ort
3	1231	Firma	Gert Oberhofer	Am Grün 5	32323	Langen
4	1232	Herr	Eberhard Dudenhofer	Veilchenweg 6	54343	Leinfeld
5	1233	Herr	Franz Unterhofer	Berwald 5	43234	Berghausen
6	1234	Firma	Wellnesspark	Industriestraße 8	76437	Rastatt
7	1235	Firma	Bergmann OHG	Hauptstraße 5	76437	Rastatt

Aufgabenerweiterung 2

Die Datenverwaltung der Kundenliste kann mit einer **Datenmaske** vereinfacht werden. Hierzu sollten Sie den Listenbereich (K2 bis P7) markieren und im Menü DATEN/MASKE die Maske aufrufen.

Aufgabenerweiterung 3

Die Tabelle der Datenquelle soll als Ausgangspunkt für die Erstellung eines Lieferscheines dienen. Dateiname = *rech3.xls*, Namen der Registerblätter: *rech3_lieferschein, rech3_aufgabe, rech3_formeln* und *rech3_artikel*.

Bedingungen und Lösungshinweise

- Der Einzelpreis der verkauften Sportartikel ist abhängig von der verkauften Stückzahl. Bis zu 50 Stück gilt der reguläre Verkaufspreis, über 50 Stück gilt ein verminderter Preis. Vgl. hierzu die Daten, die die Tabelle mit dem Namen *rech3_artikel* enthält. In diesem Tabellenblatt sollen die Artikelnummern, die Artikelbezeichnungen und die jeweiligen Stückpreise eingetragen werden.
- Die Funktion **ISTLEER** soll die Zellinhalte des Tabellenblatts *rech3_lieferschein* ab A9 auf einen vorhandenen Wert hin untersuchen.

So ermitteln Sie, ob eine Zelle leer ist:

Unter Umständen kann es notwendig sein, in einer Formel zu berücksichtigen, ob eine Zelle, auf die Bezug genommen wird, leer ist oder nicht. In diesem Fall verwenden Sie die Funktion ISTLEER. Sie benötigt als Argument einen Zellbezug. Wenn diese Zelle leer ist, liefert die Funktion den Wert WAHR, ansonsten FALSCH. Durch die Kombination einer WENN-Abfrage mit der Funktion ISTLEER können Sie eine Formel erstellen, die in einer Zelle überprüft, ob ein Inhalt vorhanden ist und bei einer leeren Zelle darauf hinweist, dass noch keine Daten vorhanden sind. Sollten in der entsprechenden Zelle schon Daten stehen, kann die Berechnung durchgeführt werden.

Probleme in Tabellenform lösen

- Ab B9 (Tabellenblatt *rech3_lieferschein*) soll die Funktion SVERWEIS auf die Spalte 2 des Tabellenblatts *rech3_artikel* verweisen. In dieser Tabelle wurde der Bereich A2:D12 mit dem Namen *artikel* vereinbart.
- Die Stückzahlen des Tabellenblatts *rech3_lieferschein* sind Tastatureingaben.
- Die Einzelpreise des Tabellenblatts *rech3_lieferschein* sollen mit der Funktion ISTLEER auf Inhalte überprüft werden, ansonsten soll mit der WENN-Funktion die Bedingung > 50 formuliert werden. Die Funktion SVERWEIS soll auf das Tabellenblatt *rech3_artikel* auf die Spalte 4 verweisen. Trifft die gestellte Bedingung nicht zu, gilt der Verweis der Spalte 3.

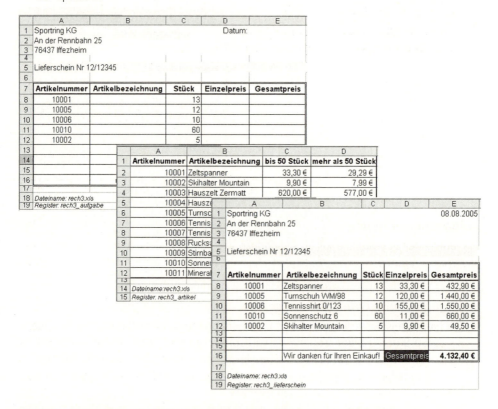

Wichtige Formeln: Tabellenblatt *rech3_lieferschein*

B9:	=WENN(ISTLEER(A8);" ";SVERWEIS(A8;rech3.XLS!Artikel;2))
D9:	=WENN(ISTLEER(A8);" ";WENN(C9>50;SVERWEIS(A8;rech3.XLS!Artikel;4);SVERWEIS(A8;rech3.XLS!Artikel;3)))
E9:	=PRODUKT(C8;D8)

Ergebnisse analysieren

Aufgabenerweiterung 4: Zur Kasse bitten

PROBLEMSTELLUNG

Die Berger OHG führt in der Arbeitsmappe mit dem Namen *rech4.xls* die Tabellenblätter *rech4_artikel*, *rech4_kunde*, *rech4_aufg* und *rech4_rechnung*. Die Artikeltabelle enthält die Artikelnummern, Artikelbezeichnungen, Einheiten (z. B. Stück, Karton, ...) und die Preise der einzelnen Artikel. Die Kundentabelle enthält die Stammdaten der Kunden (Kundennummer, Anrede, Straße, PLZ/Ort).

Arbeitsauftrag

Erstellen Sie mittels der Funktionen **WENN, ISTLEER** und **SVERWEIS** eine Rechnung, bei der lediglich die Kundennummer, Rechnungsnummer, Artikelnummer und Mengen über die Tastatur einzugeben sind.

Verwenden Sie in der Artikeltabelle den Bereichsnamen *Artikel* und in der Kundenstammdatentabelle den Namen *Kunden*. Das Rechnungsdatum ist mittels der Funktion JETZT zu ermitteln.

Wichtige Formeln des Tabellenblatts: *rech4_rechnung*

B17	=WENN(ISTLEER(A17);" ";SVERWEIS(A17;rech4.XLS!artikel;2))
D17	=SVERWEIS(A17;rech4.XLS!artikel;3)
E17	=WENN(A17=" ";" ";SVERWEIS(A17;rech4.XLS!artikel;4))

Probleme in Tabellenform lösen

Tabellen der Datenquellen

	A	B	C	D
1	Artikelstammdaten			
2				
3	ARTNR	ARTBEZ	EINHEIT	EINZELPREIS
4				
5	10001	Minizelt Iglu I	Stück	99,99 €
6	10002	Zeltspanner	Stück	9,99 €
7	10003	Schlafsack Montana	Stück	550,89 €
8	10004	Rennski Tieger	Stück	499,00 €
9	10005	Rennski Obermoos	Stück	799,99 €
10	10006	Zeltheringe	Karton	29,99 €
11	10007	Stirnbänder	Karton	55,55 €
12	10008	Fußballschuh runner	Stück	144,99 €
13	10009	Tennisschläger goal	Stück	399,99 €
14	10010	Skiwachs	Stück	12,66 €
15	10011	Skibindung Mountain	Stück	155,99 €
16				
17	Dateiname: rech4.xls			
18	Register: rech4_artikel			

	A	B	C	D	E
1	Kundenstammdaten				
2					
3	KDNR	ANREDE	NAME	STRASSE	PLZ / ORT
4					
5	20001	Firma	Sportring GmbH	Leutenweg 4	76437 Rastatt
6	20002	Herr	Neumann Hans	Hauptstraße 4	76437 Rastatt
7	20003	Firma	Sport Lang OHG	Wiesenweg 5	12345 Irgendwo
8	20004	Firma	Schulsport AG	Murgweg 4	98767 Leinen
9	20005	Frau	Gudrun Schäfer	Am Federbach 5	75754 Baden-Baden
10	20006	Firma	Rieger OHG	Industriestr. 18	43456 Weidenberg
11	20007	Firma	Well KG	Schwarzwaldstraße 5	73456 Baden-Baden
12	20008	Firma	Adolf & Brennerl KG	Rheinstraße 9	76437 Rastatt
13					
14	Dateiname: rech4.xls				
15	Register: rech4_kunden				

2.3.4 Wenn das Ergebnis feststeht: die Zielwertsuche

PROBLEMSTELLUNG 1 A: Verkaufsplanung ohne Zielwertsuche

Die Berger OHG kalkuliert einen Sportartikel mit nebenstehenden Zahlen.

Arbeitsauftrag

Berechnen Sie die fehlenden Tabellenbereiche. Stellen Sie in einem weiteren Schritt die Herstellkosten und Vertriebskosten der drei Monate in einem Säulendiagramm gegenüber.

	A	B	C	D
1	Verkaufsplanung			
2	Preis pro Stück	5,00		
3	Herstellkosten pro Stück	3,00		
4	Vetriebskosten pro Stück	0,75		
5				
6		Januar	Februar	März
7	Stückzahl	10.000	20.000	30.000
8	Herstellkosten			
9	Vertriebskosten			
10	fixe Kosten	10.000,00	12.500,00	15.000,00
11	Umsatzerlöse			
12	Gewinn pro Monat			
13				
14	Gewinn insgesamt			
15				
16	Dateiname: verkauf1.xls			
17	Register: verkauf1_aufg			

Lösungstabellen

	A	B	C	D
1	Verkaufsplanung			
2	Preis pro Stück	5,00		
3	Herstellkosten pro Stück	3,00		
4	Vetriebskosten pro Stück	0,75		
5				
6		Januar	Februar	März
7	Stückzahl	10.000	20.000	30.000
8	Herstellkosten	30.000,00	60.000,00	90.000,00
9	Vertriebskosten	7.500,00	15.000,00	22.500,00
10	fixe Kosten	10.000,00	12.500,00	15.000,00
11	Umsatzerlöse	50.000,00	100.000,00	150.000,00
12	Gewinn pro Monat	2.500,00	12.500,00	22.500,00
13				
14	Gewinn insgesamt	37.500,00		
15				
16	Dateiname: verkauf1.xls			
17	Register: verkauf1_lö			

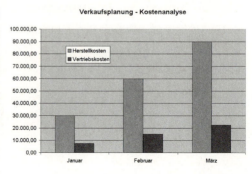

Verkaufsplanung - Kostenanalyse

Ergebnisse analysieren

PROBLEMSTELLUNG 1 B: Verkaufsplanung mit Zielwertsuche

Bei der Verkaufsplanung stellt sich nach der Kalkulation die Frage, wie hoch der Verkaufspreis mindestens sein soll, damit ein Gewinn von 45.000,00 € zu erzielen ist.

Solche „Was wäre, wenn …-Fragen" löst die **Zielwertsuche.**

Sie finden den Menüpunkt unter:

→ EXTRAS

→ ZIELWERTSUCHE

Das System fordert Sie auf die **Zielzelle**, den **Zielwert** und die **veränderbare Zelle** zu bestimmten.

	A	B	C	D	E	F
1	Verkaufsplanung					
2	Preis pro Stück		5,00			
3	Herstellkosten pro Stück		3,00			
4	Vetriebskosten pro Stück		0,75			
5						
6			Januar	Februar	März	
7	Stückzahl		10.000	20.000	30.000	
8	Herstellkosten		30.000,00			
9	Vertriebskosten		7.500,00			
10	fixe Kosten		10.000,00			
11	Umsatzerlöse		50.000,00			
12	Gewinn pro Monat		2.500,00			
13						
14		Gewinn insgesamt	37.500,00			
15						
16	Dateiname: verkauf1.xls					
17	Register: verkauf1_lö					

Zielwertsuche:
- Zielzelle: C14
- Zielwert: 45000
- Veränderbare Zelle: C2

Formeltabelle

	A	B	C	D	E
1	Verkaufsplanung				
2	Preis pro Stück		5		
3	Herstellkosten pro Stück		3		
4	Vetriebskosten pro Stück		0,75		
5					
6			Januar	Februar	März
7	Stückzahl		10000	20000	30000
8	Herstellkosten		=$C$3*C7	=$C$3*D7	=$C$3*E7
9	Vertriebskosten		=$C$4*C7	=$C$4*D7	=$C$4*E7
10	fixe Kosten		10000	12500	15000
11	Umsatzerlöse		=$C$2*C7	=$C$2*D7	=$C$2*E7
12	Gewinn pro Monat		=C11-(C8+C9+C10)	=D11-(D8+D9+D10)	=E11-(E8+E9+E10)
13					
14	Gewinn	=SUMME(C12:E12)			
15					
16	Dateiname: verkauf1.xls				
17	Register: verkauf1_formel				

Nach Durchführung der Zielwertsuche ergibt sich in der „veränderbaren Zelle" ein neuer Preis pro Stück über 5,13 €.

2.3.5 Tests und Übungsaufgaben zur Lernzielkontrolle

2.3.5.1 Mietwagenkonditionen für einen Pkw

PROBLEMSTELLUNG

Die Berger OHG muss für die kommenden Tage aufgrund eines Autounfalls auf den firmeneigenen Pkw verzichten. Aus diesem Grund wird ein Mitarbeiter beauftragt Angebote von Autovermietungen gegenüberzustellen mit dem Ziel, das günstigste Angebot, abhängig von der Dauer der Miettage und der Fahrleistung, zu ermitteln. Zu berücksichtigen sind:

1. unterschiedliche Grundpreise pro Tag,
2. freie Kilometer und
3. Preis pro Kilometer.

	A	B	C	D	E
1	Vergleich von Mietwagenkosten				
2					
3	Anbieter:		Firma A	Firma B	Firma C
4	Grundpreis/Tag:		49,00 €	55,00 €	69,00 €
5	freie km insgesamt		100	150	100
6	km-Preis:		0,39 €	0,35 €	0,25 €
7					
8	Tage:	km:	Gesamtkosten:		
9	1	200			
10	2	400			
11	3	600			
12	4	800			
13	5	1.000			
14	6	1.200			
15	7	1.400			
16					
17	Dateiname: miet1.xls				
18	Register: miet1_aufg				

Lösungshinweise zur Berechnung der Gesamtkosten

1. Anzahl der Tage * Grundpreis/Tag zuzüglich WENN-Zweig lt. Pkt. 2
2. WENN-Zweig: Prüfung, ob Anzahl der gefahrenen km > freie km * Anzahl der Tage
3. DANN-Zweig: (gefahrene km minus freie km * Anzahl der Tage) * km-Preis
4. SONST-Zweig = leere Zelle

2.3.5.2 Mietwagenkonditionen für Campingfahrzeuge im Vergleich

Die Berger OHG erkennt den Freizeittrend. Sie vermietet fünf Wohnmobile.

Sie erhalten den Auftrag, ein Excel-Tabellenblatt zu erstellen, in das in Zelle B5 die gewünschte Nummer des Fahrzeugtyps einzugeben ist. Mit der Funktion SVERWEIS sollen die fehlenden Tabellenbereiche ausgefüllt werden. Weitere Eingabedaten entnehmen Sie bitte nebenstehender Ausgangstabelle, wobei folgende Bedingungen zu beachten sind:

1. Die Mindestmietdauer beträgt fünf Stunden.

	A	B	C	D	E
1		Vermietung von Campingfahrzeugen			
2			Datum:		
3			Rechnungs-Nr.:		
4					
5	Fahrzeugtyp	1			
6	Fahrzeugbezeichnung		Grundtarif		
7	Gefahrene Kilometer	250			
8	Mietzeit in Stunden	2			
9	Mietzeit in Tagen	3			
10					
11	Kosten:				
12					
13	Kilometerpreis				
14	Mietpreis				
15	Zwischensumme				
16	16 % Umsatzsteuer				
17	Gesamtbetrag				
18					
19		Tarife			
20	Typ	Fahrzeug	Preis pro km	Preis pro Std.	Preis pro Tag
21	1	VW-Bus Standard	0,32 €	14,50 €	72,00 €
22	2	VW-Bus Luxus	0,38 €	16,80 €	85,00 €
23	3	Hymer Florida	0,55 €	23,00 €	115,50 €
24	4	Hymer Adria	0,75 €	34,50 €	173,50 €
25	5	James Cook	0,90 €	38,90 €	195,00 €
26					
27	Dateiname: Auto_Vermiet_1				
28	Register: Auto_Vermiet_1_Aufg				

2. Ist bei einer darüber hinausgehenden Ausleihe der Rechnungsbetrag aufgrund des Stundentarifs höher als der Tagestarif, dann muss der günstigere Tagestarif verwendet werden. Excel soll automatisch den günstigeren Tarif auswählen.

Lösungshinweise

→ Vergeben Sie für die Zellen Namen, um die Formeln besser lesbar zu gestalten.

Vorgeschlagene Namen:	**B7**	KM	Gefahrene Kilometer
	B8	STD	Anzahl der Mietstunden
	B9	TAGE	Anzahl der Miettage
	C8	ST	Stundentarif
	C9	TT	Tagestarif

→ Dokumentieren Sie die Logik der Formel zur Berechnung des Mietpreises in einem **Struktogramm**, das folgende **Bedingungen** grafisch darstellen soll:

1. Zuerst muss man prüfen, ob der Tagestarif günstiger als der Stundentarif ist.
2. Ferner ist zu prüfen, ob die Anzahl der Tage gleich null ist. In diesem Fall wird der Fünfstundentarif berechnet, ansonsten werden Tage und Stunden getrennt berechnet.
3. Wurde bei der anfänglichen Prüfung festgestellt, dass der Tagestarif günstiger als die Stundenberechnung ist, so wird die Anzahl der Tage um eins erhöht und diese Tageszahl mit dem Tagestarif multipliziert.

Formeln	**B6**	=SVERWEIS($B$5;A21:B25;2)
	B13	=B7*C7

Erklärungen zu B14

1. Prüfung:

WENN Mietzeit in Stunden multipliziert mit dem Stundentarif > Tagestarif, DANN erhöhe die Tageszahl um 1 und multipliziere mit dem Tagestarif.

2. Prüfung:

WENN Stunden > 4, DANN ermittle Tages- und Stundentarif.

3. Prüfung:

WENN Anzahl der Tage = null, DANN berechne 5-Stunden-Tarif, SONST Tages- und Stundentarif.

2.3.5.3 Mit spitzem Bleistift kalkulieren

PROBLEMSTELLUNG

Die Berger OHG vergleicht die Bezugskosten verschiedener Sportartikel, deren Lieferanten aus Schweden, USA und Großbritannien kommen. Die Kurse und die Bezugskosten sollen aus dem Tabellenblatt mit dem Namen *währung* in das Tabellenblatt *artikel_aufg* übernommen werden.

Erstellen Sie für die Berger OHG eine Arbeitsmappe mit dem Namen *bezpreis1.xls*, die eine übersichtliche Bezugskalkulation von Artikeln ermöglicht, die aus verschiedenen Ländern geliefert werden. Die Bezugskosten berechnen sich aus einem Prozentsatz vom Einkaufspreis.

	A	B	C	D	E	F	G
1		**Bezugspreise für Sportartikel**					
2							
3	Artikel	Währung	Einkaufspreise in Landeswährung	Kurs	Einkaufspreis in Euro	Bezugs-kosten	Einstands-preis
4							
5	Rennski	Dollar	299,00				
6	Langlaufski	Dollar	344,50				
7	Schlitten	Schw. Krone	66,66				
8	Anorak	Schw. Krone	399,00				
9	Zubehör	Dollar	99,99				
10	Fußbälle	Brit. Pfund	199,88				
11	**Gesamt**						
12							
13	*Arbeitsmappe: bezpreis1.xls, Register artikel_aufg.*						

	A	B	C
1			
2	**Währungen und Bezugskosten**		
3			
4	Währung	Kurs	Bezugskosten in %
5	Brit. Pfund	1,50	4,5
6	Schw. Krone	11,20	3,2
7	Dollar	1,02	9,7
8			
9	*Arbeitsmappe bezpreis1.xls, Register währung*		

Lösungshinweise

1. Definieren Sie die Verweisfunktion in der Artikeltabelle für den Kurs in D5
   Suchkriterium $B5
   Matrix   = $A$7:$C$7 (Informationstabelle = „Währung")
   Spaltenindex = 2 (Informationstabelle = „Währung")

2. Definieren Sie die Verweisfunktion in der Artikeltabelle in Zelle F5 und berechnen Sie die Bezugskosten.

2.3.5.4 Zahlungseingänge kontrollieren

PROBLEMSTELLUNG

Die Berger OHG überwacht die Zahlungseingänge u. a. mit der Tabelle *RechnungsKopf* der Datenbank *verkauf1.mdb*. Um eine präzise Auskunft über pünktliche bzw. säumige Kunden zu erhalten, werden die Daten der Datenbank in die Tabellenkalkulation übertragen, wo folgende Bedingungen gelten:

- WENN der Zahlungseingang innerhalb von 10 Tagen erfolgt, ist ein Skontosatz von 3 % abzuziehen.
- WENN der Zahlungseingang länger als 20 Tage dauert, ist auf den Rechnungsbetrag ein Zuschlag von 5 % aufzuschlagen.
- WENN der Zahlungsbetrag zwischen diesen Zeiträumen liegt, bleibt der Rechnungsbetrag bestehen.

Aufgabe

Übertragen Sie die Daten der Datenbank nach Excel und entwerfen Sie eine Tabelle mit den Datenfeldnamen: *Kundennummer, Rechnungsbetrag, Rechnungsausgang, Zahlungseingang, Tage, Skonto* und *Rechnungskorrektur*. Berechnen Sie zunächst die Anzahl der Tage, den Skontoabzug bzw. den Versäumnisaufschlag mit einer geschachtelten WENN-DANN-Funktion. Dateiname = *Skonto_wenn3.xls*

2.3.5.5 Fleiß wird belohnt: Provisionsberechnung

PROBLEMSTELLUNG

Die Berger OHG beschäftigt mehrere Mitarbeiter, die neben einem Festgehalt durch Provision am Umsatz beteiligt sind. Die Provisionssätze sind einer Informationstabelle zu entnehmen, die unten abgebildet ist.

Arbeitsauftrag

Erstellen Sie eine Tabelle, die auf die Informationstabelle mit der Funktion SVERWEIS zugreift. Tabellenüberschriften könnten sein: *Name, Umsätze, Provisionssätze* und *Provisionen*.

Bitte berechnen Sie die jeweiligen Provisionen.

Dateiname: *prov3a.xls*

Informationstabelle	
Umsätze	Provisionssätze
- €	0 %
25.000,00 €	2 %
30.000,00 €	4 %
35.000,00 €	6 %
40.000,00 €	8 %
45.000,00 €	10 %
50.000,00 €	12 %

2.3.5.6 Angebotsvergleich mit quantitativen und qualitativen Kriterien

PROBLEMSTELLUNG

Die Berger OHG benötigt für ihr Fitnessstudio größere Mengen an Reinigungsmitteln, die drei verschiedene Lieferanten anbieten. Aus der Erfahrung der vergangenen Lieferungen heraus soll nicht nur ein Angebotsvergleich durchgeführt werden, der ausschließlich den Preis berücksichtigt; vielmehr sollen qualitative Kriterien wie z. B. Terminzuverlässigkeit, Lieferbereitschaft, Kundendienst, … mit in die Entscheidung einbezogen werden. Ihre Aufgabe besteht darin, anhand folgender Kriterien das günstigste Angebot auszuwählen.
Dateiname: *angeb_vgl_3*

1. Quantitativer Angebotsvergleich

Fux KG	TopClean: Stückpreis 24,80 €, ab 50 Liter 5 % Rabatt, Bezugskosten 10,00 €/5 Stück, Skonto wird nicht gewährt.
Sportring KG	WashClean: Stückpreis 24,80 €, ab 100 Liter 15 % Rabatt, bei Zahlung innerhalb 14 Tagen 2 % Skonto, Bezugskosten 30,00 €/Kiste (10 Stück)
FunSport	PropperClean: Stückpreis 23,70 €, Zahlung 3 % Skonto in 10 Tagen, Bezugskosten 5,00 €/Karton (2 Stück)

Bei allen drei Angeboten werden keine Verpackungskosten in Rechnung gestellt. Als Zahlungsbedingung führen alle drei Lieferanten „30 Tage netto Kasse" auf.

2. Qualitativer Angebotsvergleich

Aus den Erfahrungswerten der Vergangenheit gelten folgende Angebotsvergleichsfaktoren für die Lieferanten.

Lieferanten	Anzahl der Lieferungen	verspätete Lieferungen	Mängelrügen	Lieferzeit in Tagen	Serviceleistung (vorgegeben)
Fux KG	150	2	3	3	2
Sportring KG	300	10	2	1	2
FunSport	450	30	5	2	1

Folgende Faktoren sind zu berücksichtigen, wobei die Gewichtungsfaktoren subjektiv festzulegen sind. Summe der Faktoren = 100.

a) Terminzuverlässigkeit,
b) Qualitätsniveau,
c) Lieferbereitschaft,
d) Kundendienst.

Ergebnisse analysieren

Lösungshinweise

Bitte erstellen Sie drei Tabellenblätter mit folgenden Inhalten:

Tabellenblatt 1: Kalkulation

1. Kalkulieren Sie die drei Angebotspreise unter den gegebenen Bedingungen.
2. Bestimmen Sie den günstigsten Angebotspreis.
3. Bestimmen Sie die Rangfolge der Angebotspreise.
4. Bestimmen Sie die Rangfolge der Angebotspreise mittels folgender Funktion *Rang* (siehe Erklärungen nächste Seite).

	A	B	C	D
1	Lieferantenauswahl bezüglich quantitativer Kriterien			
2		Fux KG	Sportring KG	FunSport
3	Stückpreis	24,80	24,80	23,70
4	Bestellmenge	100	100	100
5	Rabatt	5,00 %	15,00 %	0,00 %
6	ab einer Menge von	50	100	0
7	Skontosatz	0,00 %	2,00 %	3,00 %
8	Skontotage	0	14	10
9	Zahlungsfrist in Tagen	30	30	30
10	Bezugskosten	10,00	30,00	5,00
11	für eine Menge von	5	10	2
12	Verpackungskosten	0,00	0,00	0,00
13				
14	**Kalkulation**			
15	Listeneinkaufspreis			
16	- Rabatt			
17	= Zieleinkaufspreis			
18	- Skonto			
19	= Bareinkaufspreis			
20	+ Bezugskosten			
21	+ Verpackungskosten			
22	= Bezugspreis			
23				
24	Entscheidung/Rang			
25	Entscheidung/Preis			
26	Entscheidung/Lieferant			
27	Punkteverteilung			
28				
29	Dateiname: angeb_vgl_3			
30	Register: kalk_aufg			

Tabellenblatt 2: Analyse

1. Übernehmen Sie die qualitativen Kriterien der Aufgabenstellung in eine Matrix für alle drei Lieferanten. Berechnen Sie die Terminzuverlässigkeit (verspätete Lieferungen/Anzahl der Lieferungen, formatiert mit Prozent).
2. Berechnen Sie das Qualitätsniveau (Anzahl der Mängelrügen/Anzahl der Lieferungen, formatiert mit Prozent).
3. Bestimmen Sie die Lieferbereitschaft (Lieferzeit in Tagen).
4. Vergeben Sie „Punkte" in Abhängigkeit eines geeigneten Punkteschemas.

	A	B	C	D
1	Lieferantenauswahl bezüglich qualitativer Kriterien			
2		Fux KG	Sportring KG	FunSport
3	Kriterien:			
4	Anzahl der Lieferungen	150	300	450
5	verspätete Lieferung	2	10	30
6	Mängelrügen	3	2	5
7	Lieferzeit in Tagen	3	1	2
8	Serviceleistung (vorgegeben)	2	2	1
9	Angebotspreis			
10	Terminzuverlässigkeit			
11	Qualitätszuverlässigkeit			
12				
13	**Auswertung:**			
14	Terminzuverlässigkeit			
15	Qualitätsniveau			
16	Lieferbereitschaft			
17	Kundendienst	2,00	2,00	1,00
18				
19	Punkteverteilung / Schema			
20		%	Punkte	
21	Terminzuverlässigkeit/	0 %	10	
22	Qualitätsniveau	5 %	8	
23		10 %	6	
24		11 %	0	
25				
26		Tage	Punkte	
27	Lieferzeit	1	10	
28		2	8	
29		3	6	
30				
31	Dateiname: angeb_vgl_3.xls			
32	Register: Analyse_Aufg			

Ergebnisse analysieren

Tabellenblatt 3: Entscheidung

1. Erstellen Sie eine Matrix, in der alle Kriterien (qualitativ und quantitativ) für alle drei Lieferanten gegenübergestellt werden.
2. Stellen Sie mit der Funktion **RANG** eine Rangfolge auf.

Lösungshinweise

Diese Funktion gibt den Rang zurück, den eine Zahl innerhalb einer Liste von Zahlen einnimmt. Als Rang einer Zahl wird deren Größe bezogen auf die anderen Werte der jeweiligen Liste bezeichnet. (Wenn Sie die Liste sortieren würden, würde die Rangzahl der Zahl deren Position angeben.)

Die allgemeine Form der Funktion RANG lautet: *RANG(Zahl; Bezug; Reihenfolge).*

Zahl	… ist die Zahl, deren Rangzahl Sie bestimmen möchten.
Bezug	… ist eine Matrix mit Zahlen oder ein Bezug auf eine Liste von Zahlen. Nicht numerische Werte im Bezug werden ignoriert.
Reihenfolge	… ist eine Zahl, die angibt, wie der Rang von Zahl bestimmt werden soll.

- Ist **Reihenfolge** mit 0 (Null) belegt oder nicht angegeben, bestimmt Excel den Rang von **Zahl** so, als wäre **Bezug** eine in absteigender Reihenfolge sortierte Liste.
- Ist **Reihenfolge** mit einem Wert ungleich 0 belegt, bestimmt Excel den Rang von **Zahl** so, als wäre **Bezug** eine in aufsteigender Reihenfolge sortierte Liste.

3. Treffen Sie eine Entscheidung hinsichtlich der Auswahl des Lieferanten.

Gestaltungsvorschlag

	A	B	C	D	E	F	G	H
1	Angebotsvergleich nach qualitativen und quantitativen Kriterien							
2		Gewichtung	Beurteilung der Lieferanten in Punkten			Gewichtung der Punkte		
3		(subjektive	von 10 = sehr gut, 0 = mangelhaft			(Kriteriengewicht * Punkte)		
4	Kriterien	Entscheidung)	Fux KG	Sportring KG	FunSport	Fux KG	Sportring KG	FunSport
5								
6	Terminzuverlässigkeit	30	10,00	10,00	8,00			
7	Qualitätsniveau	30	10,00	10,00	10,00			
8	Lieferbereitschaft	20	6,00	10,00	8,00			
9	Kundendienst	10	2,00	2,00	1,00			
10	Angebotpreis	10	10,00	4,00	6,00			
11								
12	Gesamtgewichtung		38,00	36,00	33,00			
13								
14	Dateiname: angeb_vgl_3.xls				Rang			
15	Register: Entscheidung_Aufg				Lieferant			

2.3.5.7 Flug- und Mietwagenangebote für Urlaub in Florida

PROBLEMSTELLUNG

Zu den Hits aus dem Touristikangebot der Berger OHG gehört zweifelsohne die Organisation von Urlaubsreisen nach Florida. Herr Berger bietet hier eine Kombination aus Individualtourismus verbunden mit vorgebuchten Elementen wie z. B. Flug und Mietwagen an.

Gegeben ist folgende Ausgangstabelle: Dateiname: *florida1.xls*

	A	B	C	D	E	F	G	H	I	J
1				Flug und Mietwagen: Florida						
2										
3			Reisedaten							
4	Wochen	Tage	Personen							
5	2	5	1							
6										
7	Wagen Nr.	Wagentyp	Wochenpreis	Verlängerungstag	Summe Mietwagen	Flug Nr.	Airline	Zielflughafen	Flugpreis	Gesamtkosten
8	p4					LH 01				
9										
10			Mietwagen					Flüge		
11		Wagen Nr.	Wagentyp	Wochenpreis	Verlängerungstag		Flug Nr.	Airline	Ziel	Preis
12		ec	Chevrolet Metro	169,00 €	29,00 €		Co 01	Condor	Tampa	650,00 €
13		i4	Chevrolet Cavalier	312,00 €	33,00 €		Co 02	Condor	Ft.Myers	700,00 €
14		ic	Pontiac Grand Am	325,00 €	32,00 €		DA 02	Delta Air Lines	Ft.Lauderdale	590,00 €
15		p4	Buick LeSabre	490,00 €	55,00 €		Lh 01	Lufthansa	Miami	499,00 €
16		sc	Cadillac Sedan	620,00 €	62,00 €		Lh 02	Lufthansa	Tampa	510,00 €
17										
18	Dateiname: florida1.xls									
19	Register: florida1_aufg									

Lösungshinweise

→ Zellen für die Dateneingabe sind: Wagennummer (A8) und Flugnummer (F8), ferner die Reisedauer und die Personenzahl.
→ Erstellen Sie die Tabellen der Datenquellen (B10:E16) und (G10:J16).
→ Erstellen Sie die Verweisformeln der Zeile 8.
→ Berechnen Sie die Kosten des Mietwagens (E8) und die Gesamtkosten (J8).

2.3.5.8 Reparaturaufträge müssen schnell erledigt werden

PROBLEMSTELLUNG

Die Berger OHG bearbeitet Reparaturaufträge in verschiedenen Dringlichkeitsstufen. Will ein Skifahrer z. B. aufgrund der guten Wetterlage innerhalb der nächsten 24 Stunden die Reparatur ausgeführt haben, gilt die Stufe D = dringend = 5%iger Preisaufschlag. Hat der Kunde aber eine Woche Zeit, so gilt die Stufe E = eilig = 2%iger Preisaufschlag. Hat der Kunde z. B. in den Sommermonaten sehr viel Zeit (Buchstabe N), so verringert sich der Preis um 2 %.

Ergebnisse analysieren

Bedingungen

1. In der Spalte D sollen je nach der Dringlichkeitsstufe die Texte
   „innerhalb einer Woche",
   „sofort erledigen" oder
   „Auftrag in drei Wochen" ausgegeben werden.
2. Die Montagepreise in der Spalte F sind Tastatureingaben.
3. In der Spalte E sollen die Tage der Fertigstellung ausgegeben werden, wobei die Formel so zu gestalten ist, dass eine Fehlermeldung erscheinen soll, wenn in der Spalte C vergessen wurde die jeweilige Dringlichkeitsstufe einzugeben.

Tabellengerüst

	A	B	C	D	E	F	G	H
1	Montagebedingungen der Berger OHG							
2				Eingabe E, D, N				
3	Leistung	Datum	Termin	Meldung	fertig bis	Montage-preis	Aufschlag/ Abschlag	Endbetrag
4	Bindung montieren	12.03.2005	E			55,00 €		
5	Bindung einstellen	13.03.2005	D			12,50 €		
6	Ski wachsen	14.03.2005	N			20,00 €		
7								
8	Dateiname: termin1							
9	Register: termin1_aufg							

Lösungstabelle

	A	B	C	D	E	F	G	H
1	Montagebedingungen der Berger OHG							
2				Eingabe E, D, N				
3	Leistung	Datum	Termin	Meldung	fertig bis	Montage-preis	Aufschlag/ Abschlag	Endbetrag
4	Bindung montieren	12.03.2005	E	innerhalb 1 Woche	19.03.2005	55,00 €	1,10 €	56,10 €
5	Bindung einstellen	13.03.2005	D	sofort erledigen	14.03.2005	12,50 €	0,63 €	13,13 €
6	Ski wachsen	14.03.2005	N	Auftrag in 3 Wochen	04.04.2005	20,00 €	- 0,40 €	19,60 €
7								
8	Dateiname: termin1							
9	Register: termin1_lö							

2.3.5.9 Beitragsverwaltung

Mit der Datenbank *verein.mdb* verwaltet die Berger OHG die Mitglieder des örtlichen Sportvereins. Um eine genaue Übersicht über die Beiträge zu erhalten, ist eine Arbeitsmappe unter dem Namen *vereinsbeitrag1.xls* zu erstellen, die noch die Tabellen *auswertung* und *import* verwaltet.

Aufgaben- und Lösungstabelle der prozentualen Auswertungen

	A	B	C	D	E	F	G	H	I	J	K
1	Sportart	Gesamt		Erwachsener		Familienbeitrag		Familienmitglied		Kind/Student	
2		Anzahl	in %	Anzahl	in %	Anzahl	in %	Anzahl	in %	Anzahl	in %
3	Aerobic										
4	Basketball										
5	Fußball										
6	Handball										
7	Judo										
8	Leichtathletik										
9	Schwimmen										
10	Turnen										
11	Volleyball										
12											
13	Summe										
14											
15	Dateiname: vereinsbeitrag1; Register: auswertung_aufg										

	A	B	C	D	E	F	G	H	I	J	K
1	Sportart	Gesamt		Erwachsener		Familienbeitrag		Familienmitglied		Kind/Student	
2		Anzahl	in %	Anzahl	in %	Anzahl	in %	Anzahl	in %	Anzahl	in %
3	Aerobic	10	3,1	7	70,0	0	0,0	0	0,0	3	30,0
4	Basketball	21	6,5	6	28,6	1	4,8	0	0,0	14	66,7
5	Fußball	103	31,9	4	3,9	0	0,0	6	5,8	93	90,3
6	Handball	22	6,8	1	4,5	0	0,0	1	4,5	20	90,9
7	Judo	24	7,4	0	0,0	0	0,0	1	4,2	23	95,8
8	Leichtathletik	40	12,4	1	2,5	0	0,0	1	2,5	38	95,0
9	Schwimmen	55	17,0	1	1,8	1	1,8	2	3,6	51	92,7
10	Turnen	28	8,7	10	35,7	1	3,6	0	0,0	17	60,7
11	Volleyball	20	6,2	5	25,0	0	0,0	1	5,0	14	70,0
12											
13	Summe	323		35	10,8	3	0,9	12	3,7	273	84,5
14											
15	Dateiname: Vereinsbeitrag1; Register: Auswertung_Lö										

Alle Inhalte der Spalten B, D, F, H und J „liefert" das Tabellenblatt *import*. Mittels einer WENN-DANN-Abfrage soll geprüft werden, ob z. B. in der Tabelle *import* die Zelle B4 leer ist. Wenn ja, soll in der Auswertungstabelle die Zahl 0 in B3 eingetragen werden, ansonsten soll der Wert der Zelle in B4 der Import-Tabelle eingetragen werden.

Quellentabelle mit dem Namen *import*

Folgendes Tabellenblatt zeigt die Quellentabelle mit dem Namen *import*. Sie ist „Datenlieferant" für das Tabellenblatt *auswertung*.

	A	B	C	D	E	F
1						
2						
3	Sportart	Gesamt	Erwachsener	Familienbeitrag	Familienmitglied	Kind / Student
4	Aerobic	10	7			3
5	Basketball	21	6	1		14
6	Fußball	103	4		6	93
7	Handball	22	1		1	20
8	Judo	24			1	23
9	Leichtathletik	40	1		1	38
10	Schwimmen	55	1	1	2	51
11	Turnen	28	10	1		17
12	Volleyball	20	5		1	14

Ergebnisse analysieren

Erstellen Sie mittels der Funktion SVERWEIS folgende zu ergänzende Arbeitsmappe.

	A	B	C	D	E	F	G
1		Grundbeiträge					
2							
3	Beitragsgruppe	Mitglieder	Grundbeitrag	Gruppensumme			
4	Erwachsener	35	100,00 €				
5	Familienbeitrag	3	200,00 €				
6	Familienmitglied	12	- €				
7	Kind/Student	273	60,00 €				
8							
9	Summe:						
10	abzgl. Kosten			2.000,00 €			
11	Gesamteinnahme						
12							
13		Abteilungsbeiträge					
14							
15	Sportart	Mitglieder	Beitrag	Abt-Beitrag	zzgl. anteilige Grundbeiträge		Gesamt
16	Fußball	103	40,00 €				
17	Schwimmen	55	60,00 €				
18	Leichtathletik	40	80,00 €				
19	Turnen	28	40,00 €				
20	Judo	24	140,00 €				
21	Handball	22	30,00 €				
22	Basketball	21	50,00 €				
23	Volleyball	20	40,00 €				
24	Aerobic	10	200,00 €				
25							
26	Dateiname: vereinsbeitrag1; Register: Beiträge_Aufg						

2.3.5.10 Datenanalyse

Auf der separat erhältlichen CD finden Sie die Arbeitsmappe mit dem Namen *funktionen*. In dieser Arbeitsmappe werden verschiedene Funktionen näher betrachtet. Bitte laden Sie diese Arbeitsmappe und durchdenken Sie die Ergebnisse.

2.4 Lösung kaufmännischer Standardsituationen – Aufgabensammlung mit Lösungshinweisen

2.4.1 Themenkreis 1: Finanzierung

2.4.1.1 Tilgung von Annuitätendarlehen

Betriebswirtschaftlicher Sachverhalt

Beim **Annuitätendarlehen** wird eine feste Annuität (Zins + Tilgung) als Gesamtbelastung vereinbart. Die **Annuität** ist der Betrag, den der Schuldner jährlich/monatlich an die Bank zu zahlen hat. In diesem Betrag sind die Zinsen für das laufende Jahr und die Tilgung enthalten. Die Annuität wird einmalig berechnet und ändert sich nicht, sofern die Bank keine Zinsänderungen durchsetzt. Somit ergeben sich folgende Bedingungen:
Annuität/Jahr = Zins + Tilgung = konstant.
Annuität = Darlehen · (Zinssatz + Tilgungssatz)/100

Alternative 1: Annuitätendarlehen mit festem Tilgungssatz

PROBLEMSTELLUNG   Tabellenstruktur

Zur Betriebserweiterung gewährt ein Kreditinstitut ein Annuitätendarlehen mit festem Tilgungssatz zu folgenden Konditionen:

	A	B	C	D	E
1	Annuitätendarlehen mit festem Tilgungssatz Alternative I				
2	Darlehensbetrag:				Summe der Zinsen
3	Zinssatz pro Jahr:		%		
4	Tilgungssatz pro Jahr:		%		Summe Tilgungsbeträge
5	Annuität in Euro/Jahr				
6	Jahr	Restschuld am Jahresanfang	Zinsen	Tilgung	Restschuld am Jahresende
7	1				
8	2				
9	3				
10	4				
11	5				
12	6				
13	7				
14	usw.				
15					
16	Darleh1.xls				
17	Register: Annuit_Alternat1_aufg				

Bedingungen

Darlehensbetrag:	150.000,00 €
Zins:	5,75 %
Tilgungssatz:	2,00 %
Auszahlung:	100,00 %

Hinweis

Die Tastenkombination <Alt> + <Return> erlaubt z. B. in der Zelle B6, dass der Text über zwei Zeilen ausgegeben wird.

Arbeitsaufträge

1. Ergänzen Sie mittels übertragbarer Formeln die fehlenden Tabellenbereiche.
2. Prüfen Sie zur Berechnung der Tilgung ab der Zelle D7 mittels der WENN-Funktion, ob der jährliche Tilgungsbetrag kleiner ist als die jeweilige Restschuld.
3. Ermitteln Sie die Summe der Zinsen und die Summe der Tilgungsbeträge.
4. Ermitteln Sie in Zelle C5 die jährliche Annuität.
5. Stellen Sie die jährlichen Zinsen und Tilgungsbeträge in einem Säulendiagramm und einem kumulierten Säulendiagramm dar. Als x-Achsenbeschriftung sollen die Jahre dienen.

Lösung kaufmännischer Standardsituationen

Lösungshinweise

B7: Übernahme des Wertes der Zelle C2.

C7: Zinsen = Restschuld am Jahresanfang multipliziert mit dem Zinssatz /100.

D7: Für die Berechnung der Tilgung gilt:
  WENN
  Tilgung < Restschuld
      am Jahresanfang,
  DANN
  gebe aus: Tilgung,
  SONST
  gebe aus: Restschuld

	A	B	C	D	E	F
1		Annuitätendarlehen mit festem Tilgungssatz Alternative I				
2		Darlehensbetrag:	150.000,00 €		Summe der Zinsen	
3		Zinssatz pro Jahr:	5,750	%	131.711,27 €	
4		Tilgungssatz pro Jahr:	2	%	Summe Tilgungsbeträge	
5		Annuität in Euro/Jahr	11.625,00 €		150.000,00 €	
6	Jahr	Restschuld am Jahresanfang	Zinsen	Tilgung	Restschuld am Jahresende	
7	1	150.000,00 €	8.625,00 €	3.000,00 €	147.000,00 €	
8	2	147.000,00 €	8.452,50 €	3.172,50 €	143.827,50 €	
9	3	143.827,50 €	8.270,08 €	3.354,92 €	140.472,58 €	
10	4	140.472,58 €	8.077,17 €	3.547,83 €	136.924,75 €	
11	5	136.924,75 €	7.873,17 €	3.751,83 €	133.172,93 €	
12	6	133.172,93 €	7.657,44 €	3.967,56 €	129.205,37 €	
13	7	129.205,37 €	7.429,31 €	4.195,69 €	125.009,68 €	
14	8	125.009,68 €	7.188,06 €	4.436,94 €	120.572,74 €	
15	9	120.572,74 €	6.932,93 €	4.692,07 €	115.880,67 €	
16	10	115.880,67 €	6.663,14 €	4.961,86 €	110.918,81 €	
17	11	110.918,81 €	6.377,83 €	5.247,17 €	105.671,64 €	
18	12	105.671,64 €	6.076,12 €	5.548,88 €	100.122,76 €	
19	13	100.122,76 €	5.757,06 €	5.867,94 €	94.254,82 €	
20	14	94.254,82 €	5.419,65 €	6.205,35 €	88.049,47 €	
21	15	88.049,47 €	5.062,84 €	6.562,16 €	81.487,31 €	
22	16	81.487,31 €	4.685,52 €	6.939,48 €	74.547,83 €	
23	17	74.547,83 €	4.286,50 €	7.338,50 €	67.209,33 €	
24	18	67.209,33 €	3.864,54 €	7.760,46 €	59.448,87 €	
25	19	59.448,87 €	3.418,31 €	8.206,69 €	51.242,18 €	
26	20	51.242,18 €	2.946,43 €	8.678,57 €	42.563,61 €	
27	21	42.563,61 €	2.447,41 €	9.177,59 €	33.386,01 €	
28	22	33.386,01 €	1.919,70 €	9.705,30 €	23.680,71 €	
29	23	23.680,71 €	1.361,64 €	10.263,36 €	13.417,35 €	
30	24	13.417,35 €	771,50 €	10.853,50 €	2.563,85 €	
31	25	2.563,85 €	147,42 €	2.563,85 €	0,00 €	
32						
33	Darleh1.xls					
34	Register: Annuit_Alternat1_I6					

Wichtige Formeln

C5: =$C$2/100*($C$3+$C$4)

C7: =B7/100*$C$3

D7: =WENN($C$5-C7<B7;$C$5-C7;B7)

E7: =B7-D7

Diagrammansichten des Zins- und Tilgungsverlaufs des Annuitätendarlehens

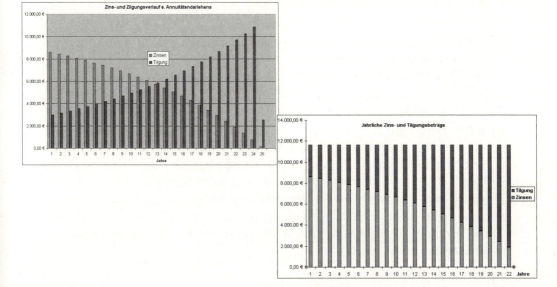

Mit Gültigkeitsregeln Fehler abfangen

Um sinnlose Dateneingaben zu vermeiden, gibt es die sog. **„Gültigkeitsprüfung"**.

→ Markieren Sie die Zelle, für die eine Gültigkeitsprüfung durchgeführt werden soll.

→ Klicken Sie im Menü **Daten** auf **Gültigkeit** und dann auf die Registerkarte **Einstellungen**.

→ Geben Sie die Art der gewünschten Gültigkeitsprüfung an, z. B. das Zulassen von Zahlen innerhalb von Begrenzungen.

→ Klicken Sie im Feld **Zulassen** auf **Ganze Zahl** oder **Dezimal**.

→ Klicken Sie im Feld **Daten** auf den gewünschten Einschränkungstyp. Um beispielsweise eine Ober- und eine Untergrenze festzulegen, klicken Sie auf *„zwischen"*.

→ Geben Sie den zulässigen Mindestwert, Höchstwert oder genauen Wert ein.

Weitere Infos finden Sie im Excel-Hilfemenü (<F1>) unter dem Stichwort: „Gültigkeitsregeln".

Alternative 2: Annuitätendarlehen mit festem Tilgungssatz

PROBLEMSTELLUNG

Sowohl die Problemstellung als auch der Ausgangsbildschirm entsprechen der vorangegangenen Aufgabe *darleh1.xls*, Registerblatt *Annuit_Alternat1*. Sie unterscheiden sich jedoch in der Komplexität der Formeln. Erstellen Sie das Lösungsblatt, wobei auch hier in der Zelle C5 die Annuität pro Jahr zu ermitteln ist. Dateiname: *darleh1.xls, Register: Annuit_Alternat2_Lö*

Änderungen bezüglich der Formelerstellung

- Tastatureingabe der Zahl 1 (für erstes Jahr) in A7
- zu A8: Prüfung, ob Zelle E7 leer ist. Wenn ja, keine Datenausgabe in A8, ansonsten **Inkrementierung** (Erhöhung) um 1.
  Ziel: Wenn Restschuld am Jahresende = 0, dann Ende der Berechnung.
- zu C7: Zinsberechnung unter der Bedingung, dass in A7 ein Wert steht. Wenn ja, Restschuld am Jahresanfang/Zinssatz * 100, ansonsten Ausgabe einer leeren Zelle.
- zu D7: Wenn Zelle A7 = leer, gebe in D7 eine leere Zelle aus, d. h., die Tilgung wird nur unter der Bedingung berechnet, dass A7 einen Wert enthält. Trifft diese Bedingung zu, erfolgt die Prüfung, ob die Tilgung (Annuität – Zinsen) kleiner als die Restschuld am jeweiligen Jahresanfang ist. Trifft auch diese Bedingung zu, soll die Tilgung berechnet werden, ansonsten wird die jeweilige Restschuld ausgegeben.
- zu E7: Wenn die Restschuld am jeweiligen Jahresanfang der Tilgung entspricht, soll eine leere Zelle ausgegeben werden, ansonsten gilt die Berechnung: Restschuld am Jahresanfang minus Tilgung.

Lösung kaufmännischer Standardsituationen

Alternative 3: Tilgungspläne von Annuitätendarlehen mit fester Laufzeit unter Einsatz von Drehfeldern

PROBLEMSTELLUNG
Auf einen Blick

Drehfelder dienen dazu, Zahlenwerte über einen einfachen Mausklick zu verändern. Beim Einrichten eines Drehfeldes legen Sie individuell fest, um welchen Schrittwert das Drehfeld die Zelle verändern soll.

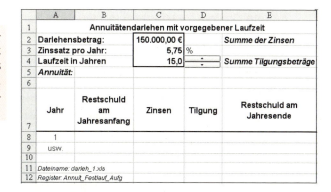

Vorgehensweise
→ ANSICHT
→ SYMBOLLEISTEN
→ FORMULAR
→ **Drehfeld** auswählen und in Zelle D4 aufziehen. Jetzt legen Sie die Verknüpfung des Drehfeldes mit dem Arbeitsblatt fest.
→ Rechte Maustaste betätigen
→ Steuerelement formatieren
→ Bestimmen Sie die Zellverknüpfung, hier $C$4.

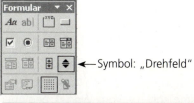
←— Symbol: „Drehfeld"

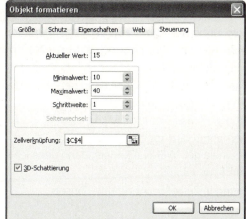

Alternative 4: Tilgungspläne von Annuitätendarlehen mit fester Laufzeit unter Einsatz von Funktionen

PROBLEMSTELLUNG

Beispiel 1: Darlehenstilgung mit der Funktion RMZ

Auf einen Blick

Die Funktion RMZ gibt die konstante Zahlung einer Annuität pro Periode zurück, wobei konstante Zahlungen und ein konstanter Zinssatz vorausgesetzt werden. (RMZ = **R**egel**m**äßige **Z**ahlung)

Tabellenstruktur

	A	B	C	D	E
1		Darlehen:	100.000,00 €	Annuität	
2		Zinssatz:	7,00	% p. a.	
3		Tilgungsdauer:	10	Jahre	
4	Jahr	Schuld	Zinsen	Annuität	Tilgung
5	1				
6					
7					
8	Dateiname: tilg1_RMZ.xls				
9	Register:tilg1_RMZ_aufg				

Lösungshinweise

1. Eingabedaten lt. Bildschirm
2. Namensvergabe: C1: Darlehen, C2: Zinssatz, C3: Tilgungsdauer
3. Übernahme des Darlehens von Zelle C1 in Zelle B5
4. In A6 gilt: Prüfung, ob in A5 ein Wert steht oder ob die Tilgungsdauer bereits erreicht ist. Ansonsten sollen – vom Wert 1 beginnend – die Jahre hochgezählt werden.
   hier: WENN(ODER(A5=Tilgungsdauer;A5="");"";A5+1)
5. Berechnung der Annuität (E1) mit der Funktion:
   RMZ(Zinssatz/100; Tilgungsdauer; -Darlehen)
6. Berechnung der Zinsen (C5):
   Allgemein: WENN A5 = leer, dann gebe eine leere Zelle aus, sonst berechne die Zinsen vom Grundwert in B5.
   hier: WENN(A5="";"";B5*Zinssatz/100)
7. Übernahme der Annuität von E1 nach D5:
   Allgemein gilt: WENN A5 = leer, dann gebe leere Zelle aus, sonst übernehme Annuität von E1.
8. Tilgung in Zelle E5 : Annuität – Zinsen

Lösung kaufmännischer Standardsituationen

Alternative 5: Tilgungsplan eines Annuitätendarlehens bei gesuchter Laufzeit mit der Funktion ISTZAHL

Auf einen Blick

Excel kennt mehrere IST-Funktionen. Jede dieser Funktionen prüft den Typ des jeweils übergebenen Wertes und gibt abhängig vom Prüfungsergebnis den Wert WAHR oder FALSCH zurück. Zum Beispiel liefert die Funktion ISTLEER den Wahrheitswert WAHR, wenn Wert ein Bezug auf eine leere Zelle ist, andernfalls liefert sie FALSCH.

Tabellenstruktur

	A	B	C	D	E	F
1	Tilgungsplan bei gesuchter Laufzeit					
2	Kreditsumme			150.000,00 €		
3	Zinssatz je Jahr			5,75	%	
4	Annuität			15.000,00 €		
5	Laufzeit				Jahre	
6	Jahr	Schuld am Anfang des Zeitraums	Annuität	Zinsbetrag	Tilgungsbetrag	Schuld am Ende des Zeitraums
7						
8	1					
9						
10	Dateiname: tilg_annuit.xls					
11	Register: tilg_annuit_konst_aufg					

Somit gilt folgende Syntax:

Die Funktion liefert WAHR, wenn sich WERT…	
ISTLEER(Wert)	… auf eine leere Zelle bezieht.
ISTZAHL(Wert)	… auf eine Zahl bezieht.
ISTGERADE(Wert)	… auf eine gerade Zahl bezieht.
ISTUNGERADE(Wert)	… auf eine ungerade Zahl bezieht usw.

Lösungshinweise

Anweisung in A9	PRÜFE, ob in A8 überhaupt eine Zahl eingegeben wurde. WENN ja prüfe, ob die Schuld am Ende des jeweiligen Jahres (z. B. F8) überhaupt noch besteht, d. h. größer gleich null ist. WENN ja erhöhe den Wert von A8 um 1 Jahr; SONST gebe leere Zelle aus. Wird erste Prüfung mit NEIN beantwortet, gebe eine leere Zelle aus.
Formel in A9	=WENN(ISTZAHL(A8);WENN(F8>=0;A8+1;" ");" ")
Anweisung in B8:	Nur wenn in A8 eine Zahl eingetragen ist, soll die Kreditsumme von D2 als Anfangsschuld eingetragen werden.
Anweisung in C8:	Nur wenn in A8 eine Zahl eingetragen ist, soll die Annuität, die lt. Aufgabenstellung konstant sein soll, von der Zelle D4 übernommen werden.
Anweisung in C9:	Nur wenn in A9 eine Zahl eingetragen ist, erfolgt eine zweite Prüfung, ob die vorgegebene konstante Annuität kleiner ist als die Restschuld, addiert um den jeweiligen Zinsbetrag, DANN gebe die vorgegebene Annuität (D4) aus, SONST addiere zur Restschuld die Zinsen. Wird die erste Prüfung (in A9 ist keine Zahl) mit JA beantwortet, wird eine leere Zelle ausgegeben.
Anweisung D8:	Nur wenn in A8 eine Zahl eingegeben wurde, werden von der Anfangsschuld Zinsen berechnet, SONST = leere Zelle.
Formel in D5:	=MAX(A:A) (Die größte Zahl der Spalte A = maximale Laufzeit.)
Anweisung in E8:	Nur wenn in A8 eine Zahl eingegeben wurde, wird von der Annuität der Tilgungsbetrag subtrahiert, SONST = leere Zelle.
Anweisung F8:	Nur wenn in A8 eine Zahl eingegeben wurde, wird von der jeweiligen Anfangsschuld der Tilgungsbetrag subtrahiert, SONST = leere Zelle.

Lösungstabelle

	A	B	C	D	E	F
1	Tilgungsplan bei gesuchter Laufzeit (Funktion IstZahl)					
2	Kreditsumme			150.000,00 €		
3	Zinssatz je Jahr			5,75	%	
4	Annuität			15.000,00 €		
5	Laufzeit:				16	Jahre
6	Jahr	Schuld am Anfang des Zeitraums	Annuität	Zinsbetrag	Tilgungsbetrag	Schuld am Ende des Zeitraums
7						
8	1	150.000,00 €	15.000,00 €	8.625,00 €	6.375,00 €	143.625,00 €
9	2	143.625,00 €	15.000,00 €	8.258,44 €	6.741,56 €	136.883,44 €
10	3	136.883,44 €	15.000,00 €	7.870,80 €	7.129,20 €	129.754,24 €
11	4	129.754,24 €	15.000,00 €	7.460,87 €	7.539,13 €	122.215,10 €
12	5	122.215,10 €	15.000,00 €	7.027,37 €	7.972,63 €	114.242,47 €
13	6	114.242,47 €	15.000,00 €	6.568,94 €	8.431,06 €	105.811,41 €
14	7	105.811,41 €	15.000,00 €	6.084,16 €	8.915,84 €	96.895,57 €
15	8	96.895,57 €	15.000,00 €	5.571,50 €	9.428,50 €	87.467,07 €
16	9	87.467,07 €	15.000,00 €	5.029,36 €	9.970,64 €	77.496,42 €
17	10	77.496,42 €	15.000,00 €	4.456,04 €	10.543,96 €	66.952,47 €
18	11	66.952,47 €	15.000,00 €	3.849,77 €	11.150,23 €	55.802,23 €
19	12	55.802,23 €	15.000,00 €	3.208,63 €	11.791,37 €	44.010,86 €
20	13	44.010,86 €	15.000,00 €	2.530,62 €	12.469,38 €	31.541,49 €
21	14	31.541,49 €	15.000,00 €	1.813,64 €	13.186,36 €	18.355,12 €
22	15	18.355,12 €	15.000,00 €	1.055,42 €	13.944,58 €	4.410,54 €
23	16	4.410,54 €	4.664,15 €	253,61 €	4.410,54 €	- €
24						
25	Dateiname: tilg_annuit.xls					
26	Register: tilg_annuit_konst_lö					

Alternative 6: Tilgungspläne von Ratenkrediten bei vorgegebener Laufzeit

Betriebswirtschaftlicher Sachverhalt

Im Gegensatz zum Annuitätendarlehen erfolgt die Tilgung bei Ratendarlehen (Abzahlungsdarlehen) in stets gleich bleibenden Raten zu den jeweils vereinbarten Tilgungsterminen. Die Zinsen werden jeweils von der Restschuld errechnet und ermäßigen sich daher von Jahr zu Jahr.

PROBLEMSTELLUNG

Die Berger OHG prüft die Kosten eines Ratenkredits über eine Höhe von 150.000,00 € mit einem Zinssatz von 5,75 % und einer Laufzeit von 15 Jahren. Die Laufzeit soll jedoch variabel gehalten werden, wozu ein Drehfeld einzufügen ist.

	A	B	C	D	E
1		Ratentilgung mit vorgegebener Laufzeit			
2	Darlehensbetrag:		150.000,00 €		Summe der Zinsen
3	Zinssatz pro Jahr:		5,750	%	
4	Laufzeit in Jahren		15		Summe Tilgungsbeträge
5	Tilgung pro Jahr				
6					
7	Jahr	Restschuld am Jahresanfang	Zinsen	Tilgung	Restschuld am Jahresende
8	1				
9	usw.				
10					
11	Darleh1.xls				
12	Register: Rattilg_Aufg				

Lösungshinweise

1. Tastatureingabe des Wertes 1 in Zelle A8
2. In B8 soll der Darlehensbetrag der Zelle C2 übernommen werden.
3. Berechnung der Jahreszinsen in C8: Darlehensbetrag * Zinssatz/100

Lösung kaufmännischer Standardsituationen

4. In D8 soll die jährliche Tilgung von Zelle C5 übernommen werden. Dieser Wert berechnet sich aus: Darlehensbetrag/Laufzeit in Jahren.
5. Die Restschuld am Jahresende (E8) berechnet sich aus der Restschuld am Jahresanfang minus Tilgung.

Wichtige Formeln

A9	=WENN(A8<>" ";WENN(E8<1;" ";A8+1);" ")
B9	=WENN(A9<>" ";WENN(E8=0;" ";E8);" ")
C9	=WENN(A9<>" ";WENN(B9<>" ";B9*$C$3/100;" ");" ")

Lösungstabelle

	A	B	C	D	E	F
1		Ratentilgung mit vorgegebener Laufzeit				
2	Darlehensbetrag		150.000,00 €		Summe der Zinsen	
3	Zinssatz pro Jahr		5,750	%	68.425,00 €	
4	Laufzeit in Jahren		15		Summe Tilgungsbeträge	
5	Tilgung pro Jahr		10.000,00 €		140.000,00 €	
6						
7	Jahr	Restschuld am Jahresanfang	Zinsen	Tilgung	Restschuld am Jahresende	
8	1	150.000,00 €	8.625,00 €	10.000,00 €	140.000,00 €	
9	2	140.000,00 €	8.050,00 €	10.000,00 €	130.000,00 €	
10	3	130.000,00 €	7.475,00 €	10.000,00 €	120.000,00 €	
11	4	120.000,00 €	6.900,00 €	10.000,00 €	110.000,00 €	
12	5	110.000,00 €	6.325,00 €	10.000,00 €	100.000,00 €	
13	6	100.000,00 €	5.750,00 €	10.000,00 €	90.000,00 €	
14	7	90.000,00 €	5.175,00 €	10.000,00 €	80.000,00 €	
15	8	80.000,00 €	4.600,00 €	10.000,00 €	70.000,00 €	
16	9	70.000,00 €	4.025,00 €	10.000,00 €	60.000,00 €	
17	10	60.000,00 €	3.450,00 €	10.000,00 €	50.000,00 €	
18	11	50.000,00 €	2.875,00 €	10.000,00 €	40.000,00 €	
19	12	40.000,00 €	2.300,00 €	10.000,00 €	30.000,00 €	
20	13	30.000,00 €	1.725,00 €	10.000,00 €	20.000,00 €	
21	14	20.000,00 €	1.150,00 €	10.000,00 €	10.000,00 €	
22	Darleh1.xls					
23	Register: Rattlg_Lö					

2.4.2 Themenkreis 2: Gewinnverteilung der OHG

Gewinnverteilung der Berger OHG: Beispiel 1

Vorbemerkung

Folgende Beispiele beleuchten verschiedene Varianten der Gewinnverteilung, wobei mit steigendem Schwierigkeitsgrad WENN-DANN-UND-ODER-Anweisungen zum Einsatz gelangen.

Betriebswirtschaftlicher Sachverhalt

Gemäß HGB gilt, dass jeder Gesellschafter zunächst eine 4%ige Verzinsung seines Kapitals erhält. Ein darüber hinaus erwirtschafteter Gewinnrest wird „nach Köpfen" verteilt. Reicht der Gewinn für eine 4%ige Kapitalverzinsung nicht aus, so wird der Gewinn im Verhältnis der Kapitalanteile auf die Gesellschafter verteilt. Ein Verlust wird „nach Köpfen" aufgeteilt. Im Gesellschaftsvertrag können andere Regelungen getroffen werden.

PROBLEMSTELLUNG

An der Berger OHG sind drei Gesellschafter mit ihrem Kapital beteiligt: Gesellschafter A mit 200.000,00 €, Gesellschafter B mit 300.000,00 € und Gesellschafter C mit 400.000,00 €. Abweichend von den Bestimmungen des HBG ist im Gesellschaftsvertrag die Gewinnverteilung nach folgenden Bedingungen geregelt:

1. Jeder Gesellschafter erhält eine 5%ige Verzinsung seiner Kapitaleinlage.
2. Der verbleibende Restgewinn ist auf die Gesellschafter im Verhältnis 3 : 2 : 1 zu verteilen.
3. Der zu verteilende Jahresgewinn beträgt 100.000,00 €.
4. Für jeden Gesellschafter darf nur dann eine Verzinsung berechnet werden, wenn der Jahresgewinn größer ist als die Verzinsung des Gesamtkapitals. Ansonsten soll der Jahresgewinn im Verhältnis der Kapitalanteile verteilt werden. Die Restgewinnanteile sind dann jeweils null.

Ausgangstabelle

	A	B	C	D	E	F
1		Gewinnverteilung der Berger OHG				
2			Verzinsung	Restgewinnverteilung		
3	Gesellschafter	Kapitaleinlage	5	Verhältnis	Restgewinnanteil	Gesamtgewinn
4	A	200.000,00 €		3		
5	B	300.000,00 €		2		
6	C	400.000,00 €		1		
7				6		100.000,00 €
8						
9	Dateiname: gewinn_verteil1					
10	Register: gewinn_verteil1_aufg					

Lösung kaufmännischer Standardsituationen

Lösungshinweise und Erklärungen
1. Berechnen Sie die Summe der Kapitalanteile (B7).
2. Berechnen Sie die Verzinsung des Kapitals unter folgenden Bedingungen:
   WENN Gesamtgewinn > Verzinsung der Kapitaleinlage,
   DANN berechne Verzinsung der Kapitaleinlage.
   SONST verteile den Jahresgewinn im Verhältnis der Einlagen.
   Zum „Sonst-Zweig" gilt:
   900.000,00 €-Anteile entsprechen dem zu verteilenden Gesamtgewinn in F7.
   200.000,00 €-Anteile = der zu verteilende Anteil des Gesellschafters A.
   Als Formel ausgedrückt: =$F$7/$B$7*B4
   Formel in C4: =WENN($F$7>$B$7*$C$3/100;B4*$C$3/100;$F$7*B4/$B$7)
3. Berechnen Sie den gesamten Restgewinn in E7.
4. Die Restgewinnverteilung auf die einzelnen Gesellschafter in E4 wird im Verhältnis der Zahlen lt. Spalte D vorgenommen, wobei gilt, dass 6 Teile dem Wert in E7 entsprechen
   =$E$7*D4/$D$7.

Erweiterung 1: Namensvergabe

Die Gewinnverteilungsformel mit Auswahlstruktur ist unübersichtlich. Entsprechend ist der Aufbau der Formel schwer nachvollziehbar, weshalb die in der Formel verwendeten Zellen mit Namen belegt werden sollen.

Zellen	Namen
B4:B6	Einlage
B7	Kapital
C3	P
F7	Gewinn

Übertragbare Formel in Zelle C4:
=WENN(Gewinn>Kapital*p/100; Einlage*p/100; Gewinn/Kapital*Einlage)

Erweiterung 2: Diagrammerstellung

Lösungshinweise
1. Markieren Sie die Bereiche: A3:A6 und F3:F6.
2. Wählen sie den Diagrammtyp *Kreis*.
3. Fügen Sie die Diagrammoptionen: *Wert* und *Prozentsatz* hinzu.

Lösungstabelle mit Diagramm

	A	B	C	D	E	F
1			Gewinnverteilung der Berger OHG			
2			Verzinsung		Restgewinnverteilung	
3	Gesell-schafter	Kapital-einlage	5	Verhältnis	Restgewinn-anteil	Gesamt-gewinn
4	A	200.000,00 €	10.000,00 €	3	27.500,00 €	37.500,00 €
5	B	300.000,00 €	15.000,00 €	2	18.333,33 €	33.333,33 €
6	C	400.000,00 €	20.000,00 €	1	9.166,67 €	29.166,67 €
7		900.000,00 €	45.000,00 €	6	55.000,00 €	**100.000,00 €**
8						
9	Dateiname: gewinn_verteil1					
10	Register: gewinn_verteil1_lö					

Gewinnanteile der Gesellschafter

- 29.166,67 €; 29%
- 37.500,00 €; 38%
- 33.333,33 €; 33%

■ A ■ B □ C

Gewinnverteilung der Berger OHG: Beispiel 2

Bedingungen

Die Verzinsung der Kapitaleinlage ist abhängig von der Höhe des zu verteilenden Jahresgewinns. Hierzu ist in Zelle C4 der Zinssatz anzupassen, wobei gilt:

1. Prüfung: Ist der Gewinn > 0? Wenn ja:
2. Prüfung: Übersteigt die Verzinsung der Summe der Kapitaleinlagen mit dem vertraglich vereinbarten Satz den zu verteilenden Gewinn, dann ist der Zinssatz anzupassen, ansonsten soll der vertraglich vereinbarte Zinssatz angesetzt werden.
3. Prüfung, ob der tatsächliche Zinssatz kleiner ist als der vertraglich vereinbarte; wenn ja, soll in D4 neben dem neu ermittelten tatsächlichen Zinssatz folgender erklärender Text ausgegeben werden: „Falls Summe der verzinsten Kapitaleinlagen < Gewinn".

Ausgangsbildschirm

	A	B	C	D	E
1	Gewinnverteilung der Berger OHG				
2	Gewinn/Verlust		100.000,00		
3	Vertraglicher %-Satz		4,00		
4	Tatsächlicher %-Satz				
5					
6	Gesell-schafter	Kapitalein-lage	Verzinsung der Einlage	Rest nach Köpfen	Gewinn-/Verlust-anteile
7	A	200.000,00			
8	B	300.000,00			
9	C	400.000,00			
10	Summen				
11					
12	Dateiname: gewinn_verteil2				
13	Register: gewinn_verteil2_aufg				

Wichtige Formeln

C4	=WENN($C$2>0;WENN(B10*C3/100>C2;100*C2/B10;C3);0)
C7	=WENN($C$2>0;B7*$C$4/100;0)
D7	=WENN($C$2>0;($C$2-$C$10)/3;$C$2/3)
D4	=WENN(C4<C3;"(falls Summe der verzinsten Kapitaleinlagen < Gewinn)";" ")

2.4.3 Themenkreis 3: Analyse der Kostenstrukturen

Betriebswirtschaftlicher Sachverhalt

Als Hauptaufgabe der Kosten- und Leistungsrechnung kann die Bereitstellung von Informationen für eine zielgerichtete Steuerung und Kontrolle der Betriebs- bzw. Geschäftsprozesse bezeichnet werden. Neben dem Ziel der differenzierten Ergebnisermittlung stellt die Kosten- und Leistungsrechung entscheidungsreife Unterlagen für die **Kalkulation** bereit; sie ist somit ein wesentliches Element der **Wirtschaftlichkeitskontrolle.** Die **Kostenartenrechnung** ist ein Teilbereich der Kostenrechnung, auf die die **Kostenstellen-** und **Kostenträgerrechnung** aufbauen.
Kostenarten, die den Erzeugnissen direkt zugerechnet werden können, werden als **Einzelkosten** bezeichnet. **Gemeinkosten** hingegen sind den Kostenträgern nicht direkt zurechenbar, sondern müssen über Verteilungsschlüssel zugerechnet werden. Die Kostenstellenrechnung hilft festzustellen, an welchen Stellen die einzelnen Kosten entstanden sind. Somit ermöglicht die Kostenstellenrechnung eine wirksame Kontrolle der Wirtschaftlichkeit durch die Analyse der Gemeinkosten und die Ermittlung von Zuschlagssätzen auf die jeweiligen Kostenträger, was in dem mit Excel zu erstellenden **Betriebsabrechnungsbogen** ausführlich beschrieben wird. Ein weiterer Schwerpunkt der Kostenrechnung – der Zusammenhang zwischen Kostenverlauf und Beschäftigungsänderungen – wird sowohl tabellarisch als auch in Diagrammform dargestellt.

2.4.3.1 Ermittlung des Break-even-Points

Unterstellt man einen linearen Kostenverlauf, so gelten folgende Bedingungen:

Gesamtgewinn	Gesamterlös – Gesamtkosten
Gesamterlös	Stückerlös · Ausbringungsmenge
Gesamtkosten	Fixe Kosten + variable Gesamtkosten
Variable Gesamtkosten	Variable Stückkosten · Ausbringungsmenge
Nutzenschwelle	Ausbringungsmenge zur Vermeidung von Verlusten, die rechnerisch und grafisch zu ermitteln ist.

Folgende Daten sind gegeben:

Variable Stückkosten: 13,00 €
Fixkosten: 1.500,00 €
Erlös/Stück: 23,00 €

Die Stückzahlen sollen bei null beginnen und in einem Intervall von 25 Stück ansteigen. Kapazitätsgrenze = 250 Stück.

	A	B	C	D
1	Break-even-Analyse			
2	Variable Stückkosten	13,00 €		
3	Fixkosten	1.500,00 €		
4	Erlös pro Stück	23,00 €		
5	Break-even-Point			
6	Stückzahl (min.)	0		
7	Schrittweite	25		
8				
9	Menge	Gesamtkosten	Erlös	Gewinn
10				
11				
12				
13				
14				
15				
16				
17				
18				
19				
20				
21				
22				
23	Menge	Stückkosten	Erlös pro Stück	Gewinn pro Stück
24				
25				
26				
27				
28				
29				
30				
31				
32				
33				
34				
35				
36	Dateiname: break2.xls/Register break2_aufg			

Aufgabe 1: Gesamtkostenbetrachtung

Erstellen Sie die Formeln in A10, A11, B10, C10 und D10.

1. Wie lautet die Formel in B5, wenn gilt, dass hier geprüft werden soll, ob die variablen Stückkosten den Erlös pro Stück übersteigen? Trifft diese Bedingung zu, soll ein Text ausgegeben werden, dass kein Break-even-Point vorhanden ist, ansonsten soll der kritische Kostenpunkt (kritische Menge) ausgegeben werden.
2. Erstellen Sie ein Diagramm, das die Gesamtkosten, Erlös und Gewinn darstellt. Die Mengen sollen auf der x-Achse ausgegeben werden.

Aufgabe 2: Stückkostenbetrachtung

Neben der Gesamtkostenbetrachtung soll eine Stückkostentabelle und ein dazugehöriges Diagramm erstellt werden. Darzustellen sind die Gesamtkosten, Erlös und Gewinn.

Lösung kaufmännischer Standardsituationen

Lösungstabellen

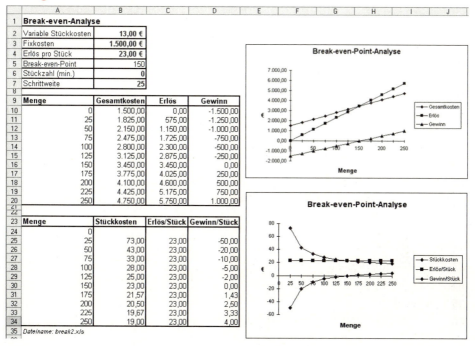

2.4.3.2 Kostenkontrolle mit Eingabe-Dialogelementen

Im Unterschied zu der vorangegangenen Problemstellung soll die Dateneingabe der Fixkosten und des maximalen Absatzes in den Zellen B5 und B6 erfolgen. Die variablen Stückkosten und der Erlös pro Stück sollen über **Dialogelemente** variierbar sein.

Bitte nehmen Sie folgenden Lösungsbildschirm mit eingeblendeter Symbolleiste als Ausgangspunkt Ihrer Arbeit.

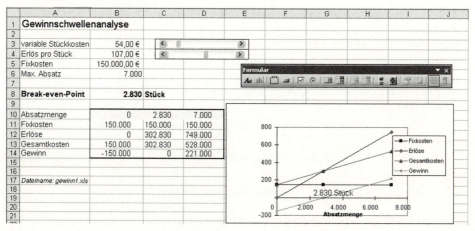

- → ANSICHT
- → SYMBOLLEISTEN
- → FORMULAR
- → Auswahl des Steuerelements „Bildlaufleiste"
- → Positionierung des Steuerelements im Bildschirm
- → Mausklick mit rechter Maustaste auf dem Objekt
- → Menüpunkt:
  Steuerelement formatieren und Angaben lt. nebenstehendem Bildschirm übernehmen.

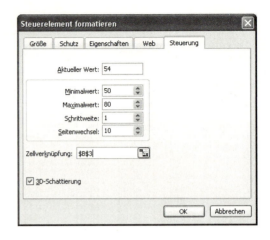

Namensvergabe

B3	Variable_Stückkosten
B4	Erlös_je_Stk.
B5	Fixkosten
B6	Max_Absatz

B12	=Erlös_je_Stk*Absatzmenge
B13	=Fixkosten+(Absatzmenge*Variable_Stückkosten)
B14	=Erlöse-Gesamtkosten

2.4.3.3 Kosten verursachungsgemäß verteilen

Betriebswirtschaftlicher Sachverhalt

Ziel ist es, die in der Kostenartenrechnung erfassten Gemeinkosten nach dem Prinzip der Verursachung auf Kostenstellen zu verteilen und die Einzelkosten zur Berechnung der Gemeinkostenzuschläge zu verwenden. In einem Betriebsabrechnungsbogen sind folgende Vorgänge zu berücksichtigen:

1. Verteilung der Kostenarten auf die Hauptkostenstellen gemäß den angegebenen Schlüsseln.
2. Berechnung der Zuschlagssätze für die Material-, Fertigungs-, Verwaltungs- und Vertriebsgemeinkosten.
3. Erstellung der Gesamtkalkulation (Selbstkostenermittlung)

Bitte entnehmen Sie weitere Informationen Ihrem BWL- bzw. Rechnungswesenbuch.

Lösung kaufmännischer Standardsituationen

Zu ergänzende Ausgangstabelle

	A	B	C	D	E	F	G
1		Kostenstelle	Kosten	Material	Fertigung	Verwalt.	Vertrieb
2							
3		Material	93.000,00	4	58	1	
4		Energie	24.000,00	1	5	1	1
5		Löhne	228.000,00		1		
6		Hilfslöhne	36.000,00	2	4		
7		Gehälter	66.000,00	1	2	6	2
8		Instands.	240.000,00		1		
9		Steuern	78.000,00	1	3	1	1
10		Sonstiges	120.000,00	1		5	1
11		Kalk.Kost.	72.000,00	2	6	3	1
12		Kostenstelle	Kosten	Material	Fertigung	Verwalt.	Vertrieb
13		Material					
14		Energie					
15		Löhne					
16		Hilfslöhne					
17		Gehälter					
18		Instands.					
19		Steuern					
20		Sonstiges					
21		Kalk.Kost.					
22		Summen					
23	Gesamtkalkulation			Einzelkalk.	Prod. A	Prod. B	Prod. C
24	Fert.Material	1.400.000,00	%		78	44	98
25	+ Mat.GK						
26	Fert.Löhne	550.000,00			39	33	44
27	+ Fert.GK						
28	Herstellkosten						
29	+ Verw.GK						
30	+ Vert.GK						
31	Selbstkosten						
32							
33	Dateiname: bab1						
34	Register: bab1_aufg						

2.4.3.4 Verkaufskalkulation – Vergleich dreier Angebote

PROBLEMSTELLUNG

Die Berger OHG vergleicht die Angebote der Firmen Pfusch, Billig und Lust mit dem Ziel, das günstigste Angebot zu ermitteln und den Namen des Anbieters auszugeben.

Aufgaben und Lösungshinweise

1. Ergänzen Sie das nachfolgende Kalkulationsschema.
2. Errechnen Sie zuerst die Bezugspreise.
3. Ermitteln Sie den günstigsten Anbieterpreis (Bezugspreis).
4. Berechnen Sie in einem weiteren Schritt in einer Verkaufskalkulation den entsprechenden Listenverkaufspreis des günstigsten Anbieters.

Ausgangstabelle (Gestaltungsvorschlag)

	A	B	C	D	E	F	G	H
1	**Verkaufskalkulation**							
2	Angebote	Angebot 1	Hans Pfusch	Angebot 2	Gert Billig	Angebot 3	Georg Lust	
3								
4	Listeneinkaufspreis:	30,00 €		29,00 €		30,00 €		
5	Liefermenge in Stück:	300		300		300		
6	Liefererrabattsatz	10%		12,0%		11,5%		
7	Liefererskontosatz			3,0%		2,0%		
8	Bezugskosten:	120,00 €		140,00 €		80,00 €		
9								
10	Daten	in %:						
11	Gemeinkosten	20,00						
12	Gewinnzuschlag	15,00						
13	Vertreterprovision	3,00						
14	Kundenskonto	2,00						
15	Kundenrabatt	10,00						
16	Mehrwertsteuersatz	16,00						
17								
18	Kalkulation	%		%		%		
19	Listeneinkaufspreis							
20	- Liefererrabatt							
21	Zieleinkaufspreis							Günstigster Anbieter
22	- Liefererskonto							
23	Bareinkaufspreis							
24	+ Bezugskosten							Günstigster Preis
25	**Bezugspreis**							- €
26	+ Gemeinkosten							- €
27	Selbstkostenpreis							- €
28	+ Gewinnzuschlag							- €
29	Barverkaufspreis							- €
30	+ Vertreterprovision							- €
31	+ Kundenskonto							- €
32	Zielverkaufspreis							- €
33	+ Kundenrabatt							- €
34	Listenverkaufspreis (netto)							- €
35	+ MWSt							- €
36	**Listenverkaufspreis (brutto)**							- €
37								
38	Dateiname: v_kalk1.xls							
39	Register: v_kalk1_aufg							

Lösungshinweise

1. Berechnen Sie in der Zeile 19 die jeweiligen Listenpreise für 300 Stück.
2. Die Formeln ab C20 sollen in den Spalten E und G über die Zwischenablage kopierbar sein.
3. Bestimmen Sie in H25 für den Zellbereich von C25 bis G25 den kleinsten Bezugspreis.
4. Beachten Sie bez. der Kalkulation des Listenverkaufspreises ab Zelle H26 den Wechsel zwischen Prozentrechnung „Vom Hundert" und „Im Hundert".

Pseudocode der Zelle H22

WENN(kleinster_Bezugspreis = Preis_der Firma_Pfusch, DANN gebe aus „Hans Pfusch")
WENN(kleinster_Bezugspreis = Preis_der Firma_Billig, DANN gebe aus „Gert Billig")
WENN(kleinster_Bezugspreis = Preis_der Firma_Lust, DANN gebe aus „Georg Lust")
SONST jeweils die Ziffer Null oder eine leere Zelle.

2.4.3.5 Kosten scharf kalkulieren: Kostenträgerstückrechnung

Betriebswirtschaftlicher Sachverhalt

Die Hauptaufgabe der **Kostenträgerrechnung** besteht darin, festzustellen, wie viele Kosten auf die einzelnen Kostenträger entfallen. Bezieht sich die Zurechnung der Kosten auf die einzelnen Kostenträger auf eine Abrechnungsperiode, spricht man von einer **Kostenträgerzeitrechnung.** In ihr können dann sowohl das Betriebsergebnis insgesamt als auch die auf die einzelnen Kostenträger bezogenen Teilergebnisse ermittelt werden. Sollen die Kosten lediglich für einen einzelnen Auftrag (ein einzelnes Stück) berechnet werden, spricht man von der **Kostenträgerstückrechnung,** die üblicherweise auch als Kalkulation bezeichnet wird.

Die Gemeinkosten werden über Zuschlagssätze einkalkuliert, die innerhalb des Betriebsabrechnungsbogens ermittelt werden. In der Angebotskalkulation (Vorkalkulation) kann nur mit voraussichtlichen Kosten (Normalkosten) gerechnet werden. Erst nach der Fertigstellung des Auftrags können die tatsächlich angefallenen Kosten (Istkosten) ermittelt und den vorkalkulierten Kosten gegenübergestellt werden (Nachkalkulation).

	A	B	C	D
1	Kostenträgerblatt		Verrechnete Kosten	
2	Vorkalkulation		Kostenträger	
3		in %	Produkt A	Produkt B
4	Fertigungsmaterial		16.200,00	4.900,00
5	+ Materialgemeinkosten	9		
6	**Materialkosten**			
7	Fertigungslöhne		18.200,00	2.300,00
8	+ Fertigungsgemeinkosten	110		
9	**Zwischensumme**			
10	+ Sondereinzelkosten d. Fertigung		900,00	500,00
11	**Fertigungskosten**			
12	**Herstellkosten**			
13	+ Verwaltungsgemeinkosten	18		
14	+ Vertriebsgemeinkosten	6		
15	+ Sondereinzelkosten d. Vertriebs		800,00	200,00
16	**Selbstkosten**			
17	+ Gewinn	15		
18	**Zwischensumme**			
19	+ Vertreterprovision	7		
20	+ Kundenskonto	2		
21	**Zielverkaufspreis**			
22	+ Kundenrabatt	10		
23	**Nettoverkaufspreis lt. Liste**			
24				
25	Dateiname: kost_träger1			
26	Register: kost_träger1_aufg			

Aufgabe 1
Führen Sie lt. obiger Tabelle die **Vorkalkulation** durch.

Aufgabe 2
Erstellen Sie gemäß den angegebenen Zahlen die **Nachkalkulation,** wobei die Nettoverkaufspreise lt. Liste denen der Aufgabe 1 entsprechen.

Probleme in Tabellenform lösen

Die Nachkalkulation obigen Auftrags ergab folgende Kostensituation:

		Artikel 1	Artikel 2
Einzelkosten	Fertigungsmaterial	17.000,00 €	5.200,00 €
	Fertigungslöhne	18.200,00 €	2.900,00 €
	SEKF	820,00 €	1.500,00 €
	SEKV	750,00 €	166,00 €
Gemeinkostenzuschläge	MGK	8,5 %	8,5 %
	FGK	108 %	108 %
	VerwGK	19 %	19 %
	VertrGK	6,8 %	6,8 %
	VertrProv	6,5 %	6,5 %
	Kundenskonto	3 %	3 %
	Kundenrabatt	10 %	10 %

Bitte ermitteln Sie mit der Nachkalkulation in den Zellen B17 und E17 die Gewinnzuschlagssätze.

Lösungshinweis

Beachten Sie, dass der Gewinn jetzt als Differenz zwischen den Zellen C18 und C16 ermittelt wird. Der Gewinnzuschlagssatz berechnet sich nach der Formel:

Gewinn * 100/Selbstkosten

	A	B	C	D	E
1	Kostenträgerblatt		tatsächlich angefallene Kosten		
2	Nachkalkulation		Kostenträger		
3		in %	Produkt A	Produkt B	
4	Fertigungsmaterial		17.000,00	5.200,00	
5	+ Materialgemeinkosten	8,5			
6	**Materialkosten**				
7	Fertigungslöhne		18.200,00	2.900,00	
8	+ Fertigungsgemeinkosten	108			
9	**Zwischensumme**				
10	+ Sondereinzelkosten d. Fertigung		820,00	1.500,00	
11	**Fertigungskosten**				
12	**Herstellkosten**				
13	+ Verwaltungsgemeinkosten	19			
14	+ Vertriebsgemeinkosten	6,8			
15	+ Sondereinzelkosten d. Vertriebs		750,00	166,00	
16	**Selbstkosten**				
17	+ Gewinn				
18	**Zwischensumme**				
19	+ Vertreterprovision	6,5			
20	+ Kundenskonto	3			
21	**Zielverkaufspreis**				
22	+ Kundenrabatt	10			
23	**Nettoverkaufspreis lt. Liste**		95.817,51	18.136,19	

zu berechnende Prozentsätze

2.4.3.6 Den Wertverlust ermitteln: Abschreibungen mit Funktionen berechnen

Betriebswirtschaftlicher Sachverhalt

Bei allen abnutzbaren Gegenständen des Anlagevermögens der Berger OHG tritt ein Wertverlust ein. Diesen Wertverlust muss die Unternehmung ermitteln und bei der Aufstellung der Bilanz und GuV als **Abschreibung** berücksichtigen. Neben diesen planmäßigen Abschreibungen für abnutzbare Wirtschaftsgüter sind auch Abschreibungen für außerplanmäßige technische und wirtschaftliche Abnutzung zulässig. Somit ist die Abschreibung u. a. ein Mittel der periodengerechten Erfolgsermittlung, da sie den Gewinn und somit die Steuern verringert. Folgende **Abschreibungsverfahren** sind im Einsatz:

1. Lineare Abschreibung
Bei der linearen Abschreibung werden die Anschaffungs- oder Herstellungskosten (AHK) gleichmäßig auf die Nutzungsdauer verteilt. Der Abschreibungsbetrag ist bei einem Gut jedes Jahr gleich hoch. Somit wird jedes Jahr der gleiche Prozentsatz von den Anschaffungs- oder Herstellungskosten abgeschrieben. Am Ende der betriebsgewöhnlichen Nutzungsdauer beträgt der buchhalterische Vermögenswert null. Die jährliche Abschreibung berechnet sich nach der Formel: `Anschaffungskosten/betriebsgewöhnliche_Nutzungsdauer`.

2. Geometrisch degressive Abschreibung
Der Abschreibungsbetrag wird jedes Jahr mit einem gleich bleibenden Prozentsatz vom Restwert ermittelt. Da sich der Restwert jedes Jahr um den Abschreibungsbetrag verringert, wird der Abschreibungsbetrag von Jahr zu Jahr geringer.

Syntax der Funktionen

lineare Abschreibung	**LIA**(Anschaffungswert; Restwert; Nutzungsdauer)
geometrisch degressive Abschreibung	**GDA**(Anschaffungswert; Restwert; Nutzungsdauer; Periode; Faktor)

Erklärungen zu den Funktionsargumenten

Anschaffungswert	Anschaffungskosten eines Wirtschaftsgutes
Restwert	Restwert am Ende der Nutzungsdauer (wird häufig auch als Schrottwert bezeichnet)
Nutzungsdauer	Anzahl der Perioden, über die das Wirtschaftsgut abgeschrieben wird.
Periode	Sie ist die Zeit, für die Sie den Abschreibungsbetrag berechnen möchten. Für das Argument **Periode** muss dieselbe Zeiteinheit verwendet werden wie für die Nutzungsdauer.
Faktor	Faktor ist das Maß, um das die Abschreibung abnimmt. Fehlt das Argument **Faktor**, wird er als 2 angenommen (Verfahren der degressiven Doppelraten-Abschreibung).

Wichtig: Bei allen Argumenten muss es sich um positive Zahlen handeln.

Aufgabentabellen

	A	B	C	D
1		lineare Abschreibung		
2				
3	Anschaffungswert			100.000,00 €
4	Restwert am Ende der Nutzungsdauer			2.000,00 €
5	Nutzungsdauer in Jahren			10
6				
7	jährlicher Abschreibungsbetrag			
8				
9	Jahr	Buchwert	Abschreibung	Restwert
10	1			
11	2			
12	3			
13	4			
14	5			
15	6			
16	7			
17	8			
18	9			
19	10			
20				
21	Dateiname: afa3.xls			
22	Register: afa3_linear_aufg			

	A	B	C	D
1		geometrisch-degressive Abschreibung		
2				
3	Anschaffungswert			100.000,00 €
4	Restwert am Ende der Nutzungsdauer			2.000,00 €
5	Nutzungsdauer in Jahren			10
6	Abschreibungsprozentsatz			20,00
7	verwendeter Faktor			
8				
9	Jahr	Buchwert	Abschreibung	Restwert
10	1			
11	2			
12	3			
13	4			
14	5			
15	6			
16	7			
17	8			
18	9			
19	10			
20				
21	Dateiname: afa3.xls			
22	Register: afa3_geometrisch_degressiv_aufg			

Aufgabenerweiterung

Erstellen Sie in einer Gesamttabelle eine Gegenüberstellung obiger Abschreibungsverfahren. Bitte lösen Sie die Aufgabe unter Einbeziehung bzw. Verbindung der Tabellenblätter *geometrisch_degressiv_lö* und *linear_lö* der Datei *afa3.xls*.

Vorschlag der Tabellengestaltung

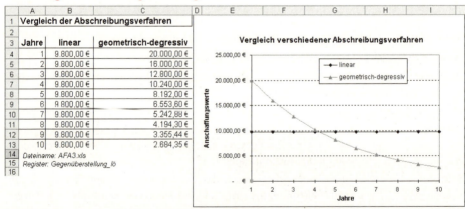

	A	B	C
1		Vergleich der Abschreibungsverfahren	
2			
3	Jahre	linear	geometrisch-degressiv
4	1	=linear_lö!$D$7	=geometrisch_degressiv_lö!C10
5	usw.		

Bitte vergleichen Sie die Formeln der beiden miteinander verknüpften Excel-Dateien.

2.5 Arbeiten automatisieren

Sachverhalt

Das Sekretariat der Berger OHG fertigt wöchentlich aus den Verkaufszahlen zu den wichtigsten Warengruppen einen Verkaufsbericht an. Die Sekretärin beklagt, dass sie immer wieder die gleichen Tätigkeiten erledigen muss. Sie würde sich sehr freuen, wenn sie diese Arbeit von einem Programm erledigen lassen könnte.

Aus solchen und ähnlichen Bedürfnissen heraus entstanden über die verschiedenen Excel-Versionen hinweg zwei Möglichkeiten, nämlich die Erstellung von **Makros** und die Programmierung mit der integrierten Programmiersprache **VBA** (Visul Basic for Applications). Beide Möglichkeiten werden nacheinander vorgestellt.

Auf einen Blick

Ein Makro ist unter Excel nichts anderes als ein vom Benutzer selbst geschriebenes oder ein vom System aufgezeichnetes Programm. Lassen Sie die Befehlsschritte von Excel selbst aufzeichnen, geschieht dies mithilfe des integrierten Makrorekorders. Damit werden alle Befehle, die Sie während der Aufzeichnung ausführen, sofort in die Makrosprache übersetzt und stehen jetzt als eine Befehlssequenz zur Verfügung. Mit dem zugewiesenen Tastendruck oder dem Befehl EXTRAS/MAKRO/AUSFÜHREN kann das Makro jederzeit wieder ausgeführt werden.

2.5.1 Erstellung von Makros und Zuweisung an Steuerelemente

Grundsätzliche Vorgehensweise

→ Cursor in Ergebniszelle positionieren.
→ Makroaufzeichnung mit integriertem Makrorekorder beginnen.
→ Aktionen, die aufgezeichnet werden sollen, vornehmen.
→ Aufzeichnung beenden.
→ Makro ausführen.
→ Gewünschte Steuerelemente erstellen. Hierzu gilt es, das Symbol „Schaltfläche" aus der Formular-Symbolleiste zu aktivieren und in der Tabelle zu platzieren.
→ Makro dem gewünschten Steuerelement zuweisen.

PROBLEMSTELLUNG 1: Summenbildung

In der Datenbank der Berger OHG ist die Tabelle *Artikel* gespeichert. Sie enthält u. a. die Lagerbestände der beiden Lager in Rastatt und in Baden-Baden. Die tabellarische Darstellung ist relativ unübersichtlich, weshalb es sich anbietet, die Tabelle nach Excel zu übertragen und dort mittels zweier anzubringender Schaltflächen die jeweiligen Summen der Lagerbestände der beiden Lager „per Knopfdruck" ausgeben zu lassen. Bitte beachten Sie, dass die zu exportierende Artikeltabelle in der Datenbank größer ist, als hier dargestellt.

Lösungshinweise

→ Datenbank öffnen.

→ Datenexport der Artikeltabelle vornehmen. Wählen Sie hierzu von dem Datenbankfenster aus das Symbol „Office-Verknüpfungen"/„Analysieren mit Microsoft Office Excel".

→ Cursor z. B. in Zelle D13 setzen.

→ EXTRAS

→ MAKRO AUFZEICHNEN

→ Name eingeben, z. B. *Artikel_Summe*.

→ Nach Wunsch einen Tastenschlüssel festlegen.

→ OK (In der Statuszeile erscheint das Wort *„aufzeichnen".*)

→ Geben Sie die Summenformel für die Lagerbestände der in Rastatt (Lager1) eingelagerten Artikel ein.

```
=SUMME(D2:D4)+SUMME(D8)
```

→ <Return>

→ EXTRAS/MAKRO

→ AUFZEICHNUNG BEENDEN

Wenn Sie das Makro bereits jetzt testen wollen, so führen Sie aus:

→ EXTRAS/MAKRO → MAKROS/AUSFÜHREN

Jetzt sollten Sie eine Schaltfläche auf dem Tabellenblatt aufziehen.

→ Symbol „Schaltfläche" aus der Symbolleiste *Formular* aktivieren. (ANSICHT/SYMBOLLEISTEN/FORMULAR)

→ Schaltfläche in Tabelle einfügen und zur gewünschten Größe aufziehen. Sie können bereits jetzt der Schaltfläche den Makronamen zuordnen. Vorgeschlagene Makronamen könnten z. B. sein: *Artikel_Summe1* und *Artikel_Summe2*.

→ Schaltfläche mit gewünschtem Text beschriften und Text gestalten. Verwenden Sie hierzu bitte die rechte Maustaste.

→ Ermitteln Sie auf gleiche Weise die Summe der in Baden-Baden (Lager2) eingelagerten Artikel.

Sollten Sie den Makronamen der Schaltfläche noch nicht zugeordnet haben, genügt ein Mausklick mit der rechten Maustaste auf das Steuerelement. Es erscheint ein Fenster, auf dem Sie den Menüpunkt „Makro zuweisen ..." aktivieren können.

Arbeitsauftrag

Erstellen Sie das Makro **LÖSCHEN.**

Menüfolge

→ Makroaufzeichnung beginnen.   → BEARBEITEN/LÖSCHEN/INHALTE

→ Makroname: *Artikel_Summe_Neu*   → Aufzeichnung beenden.

→ BEARBEITEN/GEHEZU D13:D14   → Weisen Sie das Makro der Schaltfläche zu.

Arbeiten automatisieren

	A	B	C	D	E	F	G	H	I
1	ArtNr	ArtBez	VK_Preis	Bestand	Bereich	Lager1	Lager2		
2	A0010	Handbälle	102,50 €	20	Ballspiele	RA			
3	A0020	Tennisschuhe	120,00 €	30	Tennis	RA		Summe: Lager1	
4	A0030	Fußbälle	140,00 €	50	Ballspiele	RA			
5	A0040	Skiwachs	3,60 €	20	Wintersport		BAD		
6	A0050	Dachständer	160,00 €	10	Autozubehör		BAD		
7	A0060	Surfbrett	600,90 €	20	Wassersport		BAD		
8	A0070	Skateboard	99,99 €	10	Freizeitsport	RA		Summe:Lager2	
9	A0080	Skianorak Montana	299,00 €	10	Wintersport		BAD		
10	A0090	Badeanzug Riviera	133,00 €	20	Wassersport		BAD		
11	A0100	Jogginganzug Azur	99,00 €	20	Freizeitsport		BAD		
12									
13				110 Stück RA				Neue Rechung	
14				100 Stück BAD					
15	Dateiname: Summe_Artikel.xls								

Symbol: Schaltfläche

PROBLEMSTELLUNG 2: Sortieren nach Artikelbezeichnungen

Ergänzen Sie obiges Tabellenblatt um die Schaltfläche „Artikel sortieren" und weisen Sie dieser Schaltfläche ein Makro zu.

Lösungshinweise

→ Makroaufzeichnung beginnen. Menübefehle: EXTRAS/MAKRO/AUFZEICHNEN
→ Gesamten Tabellenbereich (ab A1) markieren.
→ BEARBEITEN/GEHEZU: Zelle A1
→ DATEN
→ SORTIEREN (nach ArtBez)
→ Makroaufzeichnung beenden und Makro testen.
→ Schaltfläche erstellen.
→ Schaltfläche beschriften, z. B. „Artikel sortieren".
→ Makro an Befehlsschaltfläche zuweisen.
→ Speichern: Dateiname = *Artikel_Sortieren*

2.5.2 Test- und Übungsaufgaben mit Lösungshinweisen

PROBLEMSTELLUNG 1: Mehrarbeitsstunden

Herr Berger wünscht sich eine tabellarische Gegenüberstellung der Überstunden der Abteilungen Schulsport, Fitness und Touristik. Die Tabelle soll die Zahlen der betriebsintern bzw. extern geleisteten Mehrarbeit ausgeben. In einem weiteren Schritt soll ein Makro zur Erstellung eines Diagramms per Schaltfläche gestartet werden.

Probleme in Tabellenform lösen

Lösungshinweise

→ Tabelle lt. unten angebrachter Abbildung erstellen.
→ Bereiche markieren, hier: A3:B6 und E3:E6.
→ Makroaufzeichnung zur Diagrammerstellung beginnen.
→ Diagramm erstellen und gestalten.
→ Makroaufzeichnung beenden.
→ Makroname (z. B: *Diagramm*) der zu erstellenden Schaltfläche zuweisen.

Zu ergänzendes Aufgabenblatt

	A	B	C	D	E	F	G
1	Arbeitsstatistik						
2							
3		Überstunden extern	Sollstunden	Überstunden intern	Sollstunden	Überstunden Gesamt	Sollstunden
4	Touristik	150	700	20	750	170	1450
5	Schulsport	20	650	40	760	60	1410
6	Fitness	15	800	33	800	48	1600
7	Gesamt	185	2150	93	2310	278	4460
8							
9	Dateiname: arbeit1_auf.xls						

Lösungsvorschlag

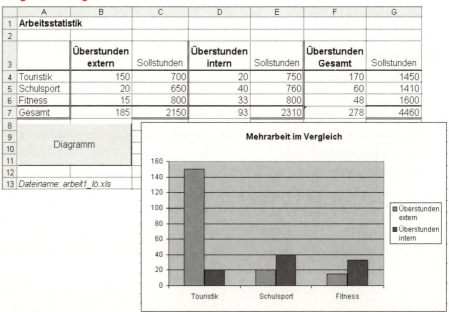

PROBLEMSTELLUNG 2:
Prognose der Umsatzerlöse

Die Berger OHG will aufgrund der aktuellen Umsatzzahlen des Jahres 2005 eine Umsatzprognose für das kommende Jahr vornehmen. Hierzu sind in Spalte A die einzelnen Geschäftsbereiche einzutragen und in Spalte B die Umsätze des aktuellen Jahres

Arbeiten automatisieren

zuzuordnen. Mittels so genannter **Drehfelder** (Ansicht/Symbolleisten/Steuerelement-Toolbox) sollen die Intervalle bestimmt werden. In einem weiteren Schritt soll mittels Anbringen der Schaltfläche „Drucken" eine komfortable Form des Druckens mittels Makros erreicht werden.

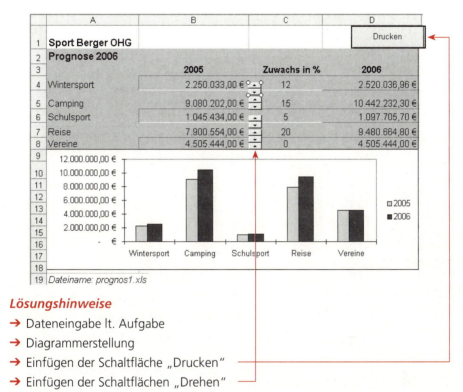

Lösungshinweise

→ Dateneingabe lt. Aufgabe
→ Diagrammerstellung
→ Einfügen der Schaltfläche „Drucken"
→ Einfügen der Schaltflächen „Drehen"
→ Zuordnung des Minimal- und Maximalwertes (rechte Maustaste/Steuerelement formatieren/Steuerung/Ausgabeverknüpfung)
→ Formel in D4: =B4+(B4*C4/100)

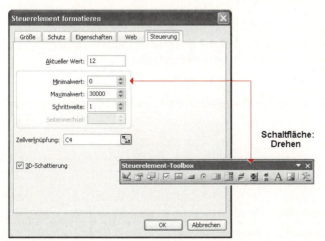

Wichtig

Achten Sie exakt darauf, dass die Steuerelemente (Drehelement-Schaltfläche) in der Spalte C zusammen mit den Zuwachszahlen stehen (Felder der Ausgabenverknüpfung).

PROBLEMSTELLUNG 3: Provisionsberechnung mit Makro und SVERWEIS

Zur Berechnung der Provisionen wird ein Tabellenblatt in zwei Bereiche aufgeteilt. Die Informationstabelle nimmt in den Zellen F5:G16 Umsatzintervalle und zugeordnete Provisionssätze auf. In der Auswertetabelle sind ab C4 die Verweisformeln einzugeben und ab D4 die Provisionen zu berechnen. Nachdem der Anwender die Schaltfläche „Umsätze Löschen" betätigt hat, soll die Spalte B (Dateneingabe) gelöscht werden, um neue Werte zur Berechnung einzugeben.

Gestaltungsvorschlag

	A	B	C	D	E	F	G
1	Provisionsberechnung						
2							
3	Name	Umsatz	Provisionssatz	Provision		Provisionstabelle	
4	Kilb	350.000,00 €				Umsatz	Provisionssatz
5	Berner	343.434,00 €				- €	0 %
6	Bauer	32.455.423,00 €				50.000,00 €	3 %
7	Eisenhauer	235.333,00 €				100.000,00 €	5 %
8	Oberle	23.335,00 €				150.000,00 €	7 %
9	Reich	65.336,00 €				200.000,00 €	9 %
10	Lust	33.567,00 €				250.000,00 €	11 %
11	Scharer	43.220,00 €				300.000,00 €	13 %
12	Schlosser	445.368,00 €				350.000,00 €	15 %
13	Wagner	3.345.684,00 €				400.000,00 €	17 %
14	Braun	355.555,00 €				450.000,00 €	19 %
15	Vogel	100.500,00 €				500.000,00 €	21 %
16						550.000,00 €	23 %
17							
18		Umsätze löschen					
19							
20							
21	Dateiname: prov10_verweis_makro_aufg						

2.5.3 Makroaufzeichnungen mit VBA bearbeiten

PROBLEMSTELLUNG 1: Drucken per Makro[1]

Arbeitsauftrag

Erstellen Sie ein Makro, welches das Excel-Blatt mit dem Namen *summe_artikel.xls* mit Zeilen- und Spaltenköpfen sowie mit Gitternetzlinien ausdruckt.

Lösungshinweise

→ Makroaufzeichnung beginnen, indem Sie alle zu erledigenden Arbeitsschritte ausführen.

→ DATEI/SEITE EINRICHTEN

→ Infrage kommende Kontrollkästchen aktivieren.

→ OK

---

[1] Folgende Zeilen sollen den Leser in die Lage versetzen das Grundgerüst eines VBA-Programms zu erstellen. Weitergehende Informationen entnehmen Sie bitte dem Winklers-Buch, erstellt vom Autor dieses Buches: „Ereignisorientierte Projekterstellung mit Visual Basic", Best.-Nr. 4694.

Arbeiten automatisieren

→ Aufzeichnung beenden und Makronamen bestimmen, z. B. *drucken*.
→ Makro testen.
→ Schaltfläche zum Drucken anlegen und mit Makro verbinden.
  Dateiname: *summe_artikel_drucken.xls*

Wollen Sie das Ergebnis der Aufzeichnung des Makrorekorders anschauen, so gilt:

→ EXTRAS   → Aktivieren Sie das Makro mit dem Namen *drucken*.
→ MAKRO   → BEARBEITEN
→ MAKROS   → Alternativ: <Alt> + <F11>

Jetzt erscheint das VBA-Modul mit einer Vielzahl von Programmzeilen, die Excel bei der Makroaufzeichnung mitprotokolliert hat.

```
Sub Drucken()
' Drucken Makro
   With ActiveSheet.PageSetup
   .PrintTitleRows = ""
   .PrintTitleColumns = ""
   End With
   ActiveSheet.PageSetup.PrintArea = ""
   With ActiveSheet.PageSetup
      .LeftHeader = ""
      .CenterHeader = ""
      .RightHeader = ""
      .LeftFooter = ""
      .CenterFooter = ""
      .RightFooter = ""
      .LeftMargin = Application.InchesToPoints(0.787401575)
      .RightMargin = Application.InchesToPoints(0.787401575)
      .TopMargin = Application.InchesToPoints(0.984251969)
      .BottomMargin = Application.InchesToPoints(0.984251969)
      .HeaderMargin = Application.InchesToPoints(0.4921259845)
      .FooterMargin = Application.InchesToPoints(0.4921259845)
      .PrintHeadings = True
      .PrintGridlines = True
      .PrintComments = xlPrintNoComments
      .PrintQuality = -3
      .CenterHorizontally = False
      .CenterVertically = False
      .Orientation = xlPortrait
      .Draft = False
      .PaperSize = xlPaperA4
      .FirstPageNumber = xlAutomatic
      .Order = xlDownThenOver
      .BlackAndWhite = True
      .Zoom = 100
      .PrintErrors = xlPrintErrorsDisplayed
   End With
   ActiveWindow.SelectedSheets.PrintOut Copies:=1, Collate:=True
End Sub
```

Erschrecken Sie nicht über den noch vorläufigen Wirrwar, denn vieles an der Codierung ist für unsere Zwecke überflüssig.

Somit gilt: Löschen Sie „überflüssige" Code-Zeilen, sodass nur noch folgende Zeilen übrig bleiben:

```
Sub Drucken()
' Drucken Makro
   With ActiveSheet.PageSetup
      .PrintHeadings = True
      .PrintGridlines = True
      .BlackAndWhite = True
   End With
   ActiveWindow.SelectedSheets.PrintOut Copies:=1, Collate:=True
End Sub
```

Erklärungen

1. *Sub* ist ein reserviertes Wort, das eine Prozedur einleitet. Eine Prozedur ist eine selbstständige Einheit von Anweisungen. *Drucken* ist der Name dieser kleinsten und selbstständigen Einheit eines VBA-Programms.
2. Zwischen *Sub* … und *End Sub* stehen die Codezeilen, die Anweisungen, die VBA veranlassen sollen „zu arbeiten".
3. Das Hochkommazeichen (') ist ein Kommentarzeichen, das vom Programm „überlesen" wird. Es dient lediglich der internen Dokumentation.

3 Grundkonzept der ereignisorientierten Anwendungsentwicklung mit VBA

Auf einen Blick

VBA-Programme (Visual Basic for Applications) setzen sich aus einzelnen Anweisungen zusammen. Basis dieser Programmierart ist der Einsatz von **Objekten, Methoden, Eigenschaften** und **Anweisungen.** Diese Bestandteile werden in Prozeduren und Funktionen eingebunden. Die einzelnen Komponenten werden in einem Quelltext zusammengefasst, der mit einem Texteditor über die Tastatur erstellt wird.

3.1 Arbeiten mit Objekten, Methoden und Eigenschaften

Obwohl Vergleiche „hinken" – wir probieren es trotzdem!

Häuser- und Grundstücksmaklern ist der Begriff „Objekt" sehr vertraut. Wie bei VBA, so befinden sich auch diese Objekte in einer Hierarchie. Sie merken dies, wenn Sie die Lage solcher Objekte beschreiben müssen. Ganz selbstverständlich geben Sie Straße und Hausnummer, den Namen der Stadt, vielleicht das Bundesland oder gar die Bundesrepublik Deutschland hierzu an. Bereits jetzt erkennen Sie, dass reale Objekte sich in einer Hierarchie von Objektgruppen bestimmen lassen.
Übertragen auf Excel gilt: Objekte sind in Hierarchien angeordnet.

Es gibt z. B. tausende von Zellen, die auf unterschiedlichen Arbeitsblättern und in unterschiedlichen Arbeitsmappen zu finden sind. Das Objekt „cell" ist daher ein Unterobjekt von „sheet" (Tabellenblatt). Sheet wiederum ist ein Unterobjekt von „workbook" (Arbeitsmappe). Die oberste Ebene, nämlich Excel selbst, ist durch das „application object" gekennzeichnet. Objekte besitzen Eigenschaften (z. B. Farbe, Größe usw.). Der Anwender kann die Eigenschaften von Objekten lesen und ändern. Beispielsweise verfügt das Objekt „cell" über die Eigenschaft „value" (aktueller numerischer Inhalt einer Zelle).

Wichtig

Als Methoden bezeichnet man in VBA die Aktionen, die an Objekten vorgenommen werden können. Objektnamen und Methoden werden in der Codierung durch einen Punkt voneinander getrennt.

Und noch ein Vergleich!

Nicht nur Visual-Basic-Objekte verfügen über Ereignisse, Methoden und Eigenschaften, auch ein Luftballon reagiert so.

Zu den **Eigenschaften** des Ballons gehören sichtbare Attribute wie seine Höhe, sein Durchmesser und seine Farbe. Andere Eigenschaften beschreiben seinen Zustand (aufgeblasen oder leer). Ein unsichtbares Attribut wäre z. B. sein Alter. Per Definition besitzen alle Ballons diese Eigenschaften. Die Einstellungen dieser Eigenschaften können allerdings von einem zum anderen Ballon unterschiedlich sein.

Grundkonzept der ereignisorientierten Anwendungsentwicklung mit VBA

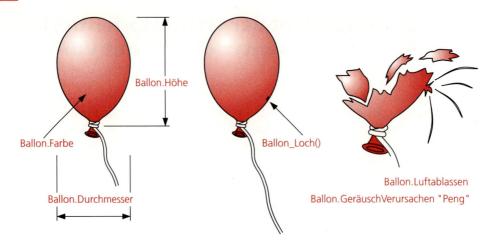

Ein Ballon verfügt auch über ballonspezifische **Methoden** oder Operationen, die er ausführen kann. Es gibt die **Aufblasen**-Methode, eine **Luftablassen**-Methode und eine **Aufsteigen**-Methode. Ballons zeigen auch vorherbestimmte **Reaktionen** auf äußere Einflüsse. Zum Beispiel würde ein Ballon auf das Ereignis des Anstechens mit dem Verlust seiner Luft reagieren oder auf das Ereignis des Loslassens mit dem Aufstieg gen Himmel.

Wenn es möglich wäre, einen Ballon zu programmieren, könnten die Eigenschaften des Ballons folgendermaßen festgelegt werden:

Allgemein:
Objekt.Eigenschaft = Wert

```
Ballon.Farbe = Rot
Ballon.Durchmesser = 10
Ballon.Aufgeblasen = True
```

Die Methoden eines Ballons könnten wie folgt angegeben werden:

Allgemein:
Objekt.Methode[Argumente]

```
Ballon.Aufblasen
Ballon.Luftablassen
Ballon.Aufsteigen 5
(5 = Argument für die Aufstiegshöhe)
```

Der Ballon könnte in folgender Weise auf ein Ereignis reagieren:

```
Sub Ballon_Loch()
    Ballon.Luftablassen
    Ballon.GeräuschVerursachen "Päng"
    Ballon.Aufgeblasen = False
    Ballon.Durchmesser = 0
End Sub
```

Es ist zwar in der Realität nicht üblich, einen Ballon zu programmieren, aber Sie können ein VBA-Formular mit Steuerelementen erstellen. Es liegt in Ihrer Entscheidung zu bestimmen, welche Eigenschaft verändert, welche Methode verwendet wird oder auf welche Ereignisse reagiert werden soll.

Arbeiten mit Objekten, Methoden und Eigenschaften

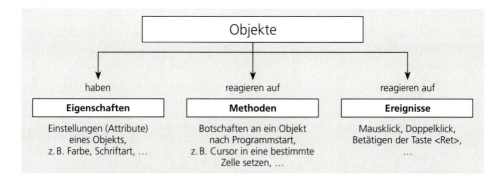

Beispiel zur Schreibweise in Excel

Ein Beispiel für den Aufruf einer Methode in Kombination mit einem Objekt lautet:

```
workbooks("kosten.xls").sheets("Dateneingabe").activate
```

Diese Anweisung bewirkt, dass das Tabellenblatt „Dateneingabe" aus der Arbeitsmappe „kosten.xls" aktiviert wird. (workbook = Arbeitsmappe)

Falls nicht anders vereinbart, beziehen sich die Anweisungen auf das aktuelle Objekt, sodass Sie sich Schreibarbeit sparen können, was folgende Zeile zeigt:

```
Sheets("Dateneingabe").activate
```

In der nachfolgenden Tabelle sind einige für Excel typische Objekte aufgeführt.

WorkBook	Eine Gruppe von Blättern, die zusammen als Datei gespeichert werden.
Range	Eine Zeile oder ein Zellbereich in einer Tabelle.
Style	Eine Formatierungskombination für eine Zeile, mit der Schriftart, Farbe, Rahmen, … der Zeile festgelegt werden.
Menu	Eine Liste von Befehlen, mit denen der Anwender Aktionen durchführen kann.
Name	Ein leicht zu merkender Kennzeichner, der sich auf eine Zeile, einen Zellbereich, einen Wert oder eine Formel bezieht.
WorkSheet	Ein Blatt in einer Arbeitsmappe, in dem Informationen berechnet und angezeigt werden.

Beispiele

VBA-Anweisungen sollen einen Bereich eines Tabellenblattes markieren und diesen Bereich mit einem Namen versehen, z. B. *Bereich1*. Diesem Bereich soll eine andere Hintergrundfarbe zugeordnet werden.

Lösungsvorschlag

```
Set Bereich1 = Worksheet("Tabelle1").Range("A1:B2")
```
Hier wird dem Objekt der Bereich A1:B2 des Tabellenblattes mit dem Namen *Tabelle1* zugeordnet. Wurde für den Bereich A1:B2 der Name *Bereich1* zugeordnet, so könnte die Anweisung wie folgt aussehen:
```
Bereich1.Select
```
Das Wort *Select* ist eine Methode, d. h. eine Anweisung an das Objekt, z. B. die Markierung vorzunehmen.
```
Bereich1.Interior.ColorIndex = 8
```
Die Farbe des Hintergrunds ist eine Eigenschaft des Bereichs; sie kann nur über das Objekt angesprochen werden. *Interior* bezeichnet das Innere oder den Hintergrund eines Bereiches und ist als logisch untergeordnetes Objekt des Objekts *Bereich1* zu verstehen. *ColorIndex* ist die Eigenschaft des Objektes *Interior*. Der Wert dieser Eigenschaft = 8 = Zyan.

3.2 Excel mit VBA-Standard-Dialogelementen verbinden

PROBLEMSTELLUNG: Ermittlung der Selbstkosten in Dialogelementen

Herr Berger wünscht bei der Ermittlung der Selbstkosten eine Abkehr von der nebenstehenden tabellarischen Berechnungsmöglichkeit.

	A	B	C
1		%	**Artikel 1**
2	**Einstandspreis**		1.600,00 €
3	**+ HKZ**	25	400,00 €
4	**Selbstkosten**		2.000,00 €

Ziel:

- Der Benutzer soll in einem eigenen Fenster aufgefordert werden den Einstandspreis einzugeben. Dieses Fenster nennt man in der Fachsprache eine **Input-Box.**
- Anschließend soll die zweite Eingabe in einer weiteren Input-Box erfolgen.
- Mit Betätigen der Taste <OK> soll in einer Message-Box das Ergebnis am Bildschirm stehen. Dateiname: *selbst1.xls*.

Lösungshinweise

→ EXTRAS
→ Makro
→ Visual-Basic-Editor

Alternativ könnten Sie die Tastenkombination <Alt> <F11> betätigen.

Excel mit VBA-Standard-Dialogelementen verbinden

Sollte der auf der linken Seite stehende Projekt-Explorer nicht eingeblendet sein, wählen Sie:

→ ANSICHT

→ PROJEKT-EXPLORER

→ Doppelklicken Sie auf dem Symbol: „Diese Arbeitsmappe".

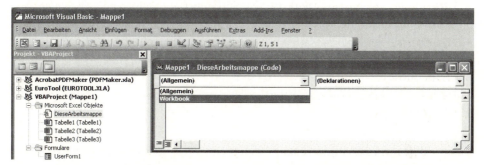

→ Das linke Listenfeld („Allgemein") zeigt das zz. einzige Element der Mappe1, nämlich das „Workbook".

→ Wählen Sie den Eintrag „Workbook".

→ Es öffnet sich ein Fenster, in dem Sie zwischen *Private Sub Workbook_Open()* und *End Sub* den Programmcode eingeben können.

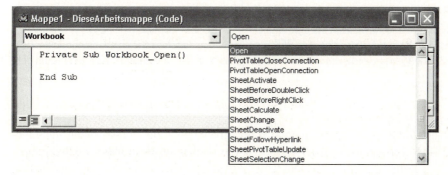

→ Bitte schreiben Sie folgende Zeilen zwischen *Private Sub Workbook_Open()* und *End Sub:*

```
Dim EKpreis, HKZ, Selbstkosten As Double
EKpreis = InputBox("Einstandspreis eingeben:", "Erste Dateneingabe")
HKZ = InputBox("HKZ eingeben:", "Zweite Dateneingabe")
Selbstkosten = EKpreis + (EKpreis * HKZ / 100)
MsgBox "Die Selbstkosten betragen: " & Selbstkosten & " €"
```

→ Starten Sie das Programm (Dreieckssymbol der Symbolleiste oder Funktionstaste <F5>).

→ Speichern Sie die Anwendung.

Grundkonzept der ereignisorientierten Anwendungsentwicklung mit VBA

→ Wenn Sie das Projekt nochmals aufrufen wollen, werden Sie beim Öffnen gefragt, ob Sie Makros aktivieren wollen, was Sie bejahen sollten. Danach erscheinen die Input-Boxen, in denen Sie aufgefordert werden den Einstandspreis und den Handlungskostenzuschlag einzugeben. Das Ergebnis wird in einer Message-Box ausgegeben.

Erklärungen im Überblick

- **DIM** ist ein reserviertes Wort zur Vereinbarung von Variablen. Allgemein gilt: **DIM Variablenname As Datentyp**
- *EKpreis*, *HKZ* und *Selbstkosten* wurden mit dem Datentyp Double (Gleitkommazahl mit doppelter Genauigkeit) vereinbart. Weitere Datentypen finden Sie im Anhang dieses Buches.
- Nach der Variablenvereinbarung erfolgen zwei Zeilen der Dateneingabe in Input-Boxen (vgl. Abbildung).
- Danach werden die Selbstkosten berechnet.
- Eine Message-Box gibt die Ergebnisse aus. Der Verkettungsoperator „&" verbindet zwei Zeichenketten bzw. wandelt eine Zahl in eine Zeichenkette um.

```
EKpreis = InputBox("Einstandspreis eingeben:", "Erste Dateneingabe")
```
Der Benutzer wird aufgefordert in einer Input-Box einen Tastaturwert für die Variable EKpreis einzugeben. Der Text zwischen den Klammern ist die Eingabeaufforderung, wobei der durch ein Komma getrennte Ausdruck die Beschriftung der Titelleiste übernimmt.

```
Selbstkosten = EKpreis + (EKpreis * HKZ / 100)
```
Das Gleichheitszeichen ist eine Wertzuweisung. Hier wird der rechts des Gleichheitszeichens stehende Wert der Variablen „Selbstkosten" zugewiesen.

```
MsgBox "Die Selbstkosten betragen: " & Selbstkosten & " €"
```
Datenausgabe in einer Message-Box. Zwischen Anführungszeichen stehen erklärende Texte. Das „&"-Zeichen verbindet den Inhalt der Variablen (Selbstkosten) und ergänzt das Ergebnis um das €-Zeichen.

Warum Variablen definieren?

Variablen sind reservierte Speicherplätze für Zahlen, Text oder andere Daten. Jede Programmiersprache kann unterschiedliche Arten von Daten verarbeiten (Texte, Zahlen, Kalenderdaten, …). Man bezeichnet diese unterschiedlichen Arten der Daten als **Datentypen.** Grundlegende Datentypen sind Zahlen und Zeichenketten, so genannte Strings, wie z. B. „Franz Schubert". Bei Zahlen unterscheidet man zwei grundlegende Typen, den Typ *integer* für ganze Zahlen und die Typen *single* bzw. *double* für Fließkommazahlen. Jede Variable hat einen eindeutigen Namen. Er muss mit einem Buchstaben beginnen, darf keine Leerstellen enthalten und kann bis zu 255 Zeichen umfassen.

Wichtig

Der Datentyp gibt die Wertemenge an, aus der die Elemente stammen müssen, die in einer Variablen gespeichert werden können. Ferner wird durch ihn bestimmt, wie viel Speicherplatz für die Variable zu reservieren ist.

Und noch ein Vergleich

Stellen Sie sich eine Variable wie ein Schrankfach vor, auf dem vorn ein Name verzeichnet ist. Wenn in einer Codierung der Name des Schrankfaches auftaucht, schaut das Programm in das Fach und verwendet den Inhalt anstelle des Variablennamens. Bereits bei der Arbeit mit Excel-Tabellen sind Variablen aufgetaucht, die wir aber nicht so benannt haben. Eigentlich handelt es sich bei jeder einzelnen Zelle eines Arbeitsblattes um eine Variable. Der Variablenname wäre dann die Koordinate in dem jeweiligen Arbeitsblatt.

3.3 Excel mit benutzerdefinierten Dialogelementen verbinden

3.3.1 Ermittlung der Selbstkosten in der VBA-UserForm

Vorbemerkung

Excel stellt für die Kommunikation von VBA-Programmen mit dem Anwender einige Standard-Dialogelemente zur Verfügung. Diese kann der Anwender mit einfachen Befehlen wie z. B. *MsgBox* aufrufen. Will der Anwender aber individuell erstellte Fenster verwenden, hilft das **VBA-UserForm** als benutzerdefiniertes Formular weiter.

Arbeitsauftrag

Die „Miniatur"-Kalkulation ist nicht durch Dialogboxen, sondern mittels zweier Befehlsschaltflächen, dreier Textfelder und dreier Bezeichnungsfelder durchzuführen.

Problemanalyse

Ausgabedaten: Selbstkosten in einem Textfeld
Eingabedaten: Einstandspreis und HKZ je in einem Textfeld
Verarbeitung: siehe vorausgehende Problemstellung

BILDSCHIRMGESTALTUNG

VBA-Anwender sprechen nicht von einem Bildschirm, sondern von einem „UserForm". Auf diesem Form (Formular) sind alle Objekte einzurichten, in unserem Fall die Schaltflächen, Text- und Bezeichnungsfelder.

Lösungshinweise
→ Excel starten.
→ In das Modulfenster wechseln (<Alt> +<F11>).
→ UserForm einfügen (zweites Symbol auf der Symbolleiste von links).

Es erscheint das abgebildete UserForm mit eingeblendeter Werkzeugsammlung. Dieses UserForm ist noch leer. Alle Elemente müssen vom Anwender hinzugefügt werden, wozu die Werkzeugsammlung wertvolle Dienste leistet. Wird diese nicht automatisch angezeigt, so ist sie über das Menü ANSICHT/WERKZEUGSAMMLUNG zu aktivieren.

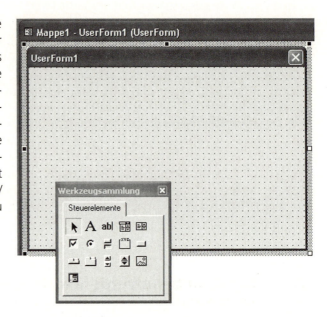

Grundsätze der Projekterstellung

Das Erstellen eines Anwendungsprogramms besteht aus drei Hauptabschnitten:
1. Erstellung der Benutzeroberfläche mit verschiedenen Steuerelementen.
2. Festlegung der Eigenschaften der Objekte (Funktionstaste F4).
3. Schreiben des Programmcodes.

Und so könnte die fertige Anwendung (mit eingeblendetem Eigenschaftsfenster in der Entwurfsansicht) aussehen.

Projektname = *selbst2*

Excel mit benutzerdefinierten Dialogelementen verbinden

Schritte im Einzelnen:

1. Gestaltung der Benutzeroberfläche

→ Symbol „Schaltfläche" aus der Werkzeugsammlung aktivieren und auf dem Form aufziehen. Die Schaltfläche trägt noch die Aufschrift (in der Fachsprache „caption" genannt) *CommandButton1*.

→ Schaltfläche mit gewünschtem Text beschriften, z. B. „Selbstkosten berechnen". Ändern Sie im Eigenschaftsfenster (Taste <F4> drücken) die caption.

→ Gehen Sie bei der Schaltfläche „Ende" ebenso vor.

→ Drei Textfelder anbringen, wobei zwei für die Dateneingabe und das dritte für die Ergebnisausgabe benötigt werden. Ziehen Sie hierzu, nachdem Sie in der Werkzeugleiste das Symbol „ab" angeklickt haben, die Textfelder in das Form auf.

→ Drei Bezeichnungsfelder anbringen. Hierzu müssen Sie aus der Werkzeugleiste das Symbol „A" auswählen und in das UserForm aufziehen.

> **Wichtig**
> Elemente, die im Programmcode benötigt werden, müssen mit ihren Namen angesprochen werden. Sie können diese Änderung im Eigenschaftsfenster vornehmen.

→ Das erste Textfeld trägt noch den Namen *TextBox1*. Bitte wählen Sie „sprechende" Namen, z. B. *TFeinstandspreis*, *TFhkz* bzw. *TFselbstkosten*. (**TF** steht für die Vorsilbe „Textfeld".)

→ Wählen Sie für die Befehlsschaltfläche z. B. die Vorsilbe **BSFL**. Somit könnten die beiden Befehlsschaltflächen heißen: *BSFLberechnen* und *BSFLende*.

In diesem Buch gelten folgende Namenskonventionen

Abkürzung	Steuerelement (deutsch)
TF	Textfeld
BEZF	Bezeichnungsfeld
BSFL	Befehlsschaltfläche
LstBox	Listbox

2. Festlegung der Eigenschaften der Objekte im Überblick

Objekt	Eigenschaft	Name
Befehlsschaltfläche 1	caption: „Selbstkosten berechnen"	BSFLberechnen
Befehlsschaltfläche 2	caption: „Ende"	BSFLende
Bezeichnungsfeld 1	caption: „Einstandspreis eingeben:"	
Bezeichnungsfeld 2	caption: „HKZ eingeben:"	
Bezeichnungsfeld 3	caption: „Die Selbstkosten betragen:"	
Textfeld 1		TFeinstandspreis
Textfeld 2		TFhkz
Textfeld 3		TFselbstkosten

3. Eingabe des Programmcodes

→ Doppelklicken Sie auf der Befehlsschaltfläche mit der caption: „Selbstkosten berechnen".

→ Jetzt erscheint das Code-Fenster. Das System erwartet zwischen den beiden Zeilen *Privat Sub BSFLberechnen_Click()* und *End Sub* den Programmcode.

Codierung im Überblick

```
Private Sub BSFLberechnen_Click()
Dim Einstandspreis, HKZ, Selbstkosten As Double
   TFeinstandspreis.SetFocus
   Einstandspreis = Val(TFeinstandspreis.Text)
   HKZ = Val(TFHKZ.Text)
   Selbstkosten = Einstandspreis + (Einstandspreis * HKZ / 100)
   TFselbstkosten.Text = Format(Selbstkosten, "####,##0.00 Euro")
End Sub
```

Programmcode zum Beenden der Anwendung

```
Private Sub BSFLende_Click()
   End
End Sub
```

Erklärungen

Dim Einstandspreis, HKZ, Selbstkosten **As** Double
DIM und AS sind reservierte Worte, die zur Vereinbarung von Variablen und Datentypen zu verwenden sind.

Einstandspreis = **Val**(TFeinstandspreis.Text)
HKZ   = **Val**(TFhkz.Text)
Windows erkennt alle Zeichen, also auch Zahlen als alphabetische Zeichen, weshalb die Standardfunktion *Val* die Dateneingabe in numerische Werte umwandelt. Nur so kann mit den Variableninhalten gerechnet werden.

Selbstkosten = Einstandspreis + (Einstandspreis * HKZ / 100)
Formel zur Berechnung unter Zuhilfenahme der Variablen.

TFselbstkosten.Text = **Format**(Selbstkosten, "####,##0.00 Euro")
Formatgerechte Datenausgabe im Textfeld mit dem Namen TFselbstkosten. Die Standardfunktion *Format* stellt den Zahlenwert mit zwei Nachkommastellen und einem Tausendertrennzeichen dar.

Private Sub BSFLende_Click()
    End
End Sub
Ein Doppelklick auf der BSFLende beendet die Anwendung. *End* = reserviertes Wort zur verdienten Pause.

4. Starten Sie das Programm

→ Menüpunkt: AUSFÜHREN/Sub/UserForm ausführen oder alternativ: <F5> drücken.

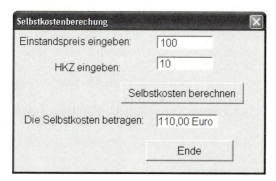

Arbeitsaufträge und Projekterweiterungen

1. Variieren Sie die Schriftarten und Schriftgrößen.
2. Positionieren Sie nach dem Programmstart den Cursor automatisch in das erste Eingabefeld (TabIndex = 0).
3. Für weitere Berechnungen sollten alle eingetragenen Feldinhalte gelöscht werden. Hierzu soll eine zusätzliche Schaltfläche mit der Beschriftung „Neue Rechnung" angebracht werden. Neuer Projektname: *selbst3*.

Lösungshinweis zu Punkt 3:

Um alle Feldinhalte zu löschen, ist es empfehlenswert, leere Zeichenketten (Strings) auszugeben. Stehen zwischen Anführungs- und Schlusszeichen keine Zeichen, wird ein leeres Feld ausgegeben.

```
Private Sub BSFLneu_Click()
   TFeinstandspreis.Text = " "
   TFHKZ.Text = " "
   TFselbstkosten.Text = " "
   TFeinstandspreis.SetFocus
End Sub
```

3.3.2 Beispiel für lineare Ablaufstrukturen

Auf einen Blick

Die bislang behandelten Anwendungen waren dadurch gekennzeichnet, dass die Anweisungen linear, d. h. Programmzeile für Programmzeile von oben nach unten ausgeführt wurden. Die oberste Anweisung wurde als erste, die unterste Anweisung wurde als letzte bearbeitet. Dabei wurde jede Anweisung genau ein Mal ausgeführt. Wählt man die grafische Darstellung der Programmabfolge in einem Struktogramm (DIN 66.261), so wird der lineare Verlauf wie folgt dargestellt.

| Anweisung 1 |
| Anweisung 2 |
| Anweisung 3 |
| Anweisung X |

Ein typisches Beispiel eines linearen Programmablaufs ist das Ermitteln der Tageszinsen, welches im Folgenden exemplarisch vorgestellt wird.

Tageszinsberechnung

Es ist ein Projekt zu erstellen, das nach der kaufmännischen Zinsformel die Zinsen für beliebig einzugebende Kapitalien, Tage und Zinssätze berechnet und ausgibt. Projektname: *zins1*

Festlegung der Eigenschaften der Objekte im Überblick

Objekt	Eigenschaft	Name
Befehlsschaltfläche 1	caption: „Ende"	BSFLende
Befehlsschaltfläche 2	caption: „Rechnen"	BSFLrechnen
Befehlsschaltfläche 3	caption: „Neu"	BSFLneu
Bezeichnungsfeld 1	caption: „Kapital"	
Bezeichnungsfeld 2	caption: „Tage"	
Bezeichnungsfeld 3	caption: „Zinssatz"	
Bezeichnungsfeld 4	caption: „Zinsen"	
Textfeld 1		TFkapital
Textfeld 2		TFtage
Textfeld 3		TFzinssatz
Textfeld 4		TFergebnis

Codierung im Überblick

```
Dim zinsen, kapital, zinssatz As Double
Dim tage As Integer
Private Sub BSFLrechnen_Click()
   kapital = Val(TFkapital.Text)
   tage = Val(TFtage.Text)
   zinssatz = Val(TFzinssatz.Text)
   zinsen = (kapital * tage * zinssatz) / 36000
   TFergebnis.Text = Format(zinsen, "#####,##0.00, €")
End Sub

Private Sub BSFLende_Click()
   End
End Sub

Private Sub BSFLneu_Click()
   TFkapital.Text = " "
   TFtage = " "
   TFzinssatz = " "
   TFergebnis.Text = " "
   TFkapital.SetFocus
End Sub
```

3.3.3 Entscheidungs- bzw. Auswahlstrukturen

Die bisher besprochenen Anwendungen liefen wie ein Uhrwerk ab; vom Start zum Ende, und das nur ein einziges Mal. Im Folgenden werden Entscheidungs- und Kontrollstrukturen vorgestellt, die bestimmte Aktionen von der Erfüllung einer Bedingung abhängig machen. Es handelt sich hierbei um Konstrukte der Art:

WENN A wahr ist, DANN tue B, sonst C (oder gar nichts).

Diese Konstruktionen werden im Struktogramm wie folgt dargestellt:

Einseitige Auswahlstruktur	
Bedingung erfüllt?	
ja	nein
Anweisung 1	–

Zweiseitige Auswahlstruktur	
Bedingung erfüllt?	
ja	nein
Anweisung 1	Anweisung 2

Für die einseitige Entscheidungsstruktur gilt folgende Aussage:

„Wenn die Bedingung erfüllt ist, dann tue etwas."

Hierzu dient die Anweisung:

IF … THEN … END IF,

die in allgemeiner Form nebenstehend abgebildet ist.

> **IF Bedingung THEN**
>   Anweisung(en)
> **End IF**

3.3.3.1 Beispiel einer einseitigen Entscheidungsstruktur

PROBLEMSTELLUNG

Es soll die Quadratwurzel aus einer einzugebenden Zahl berechnet und ausgegeben werden. Die Wurzelberechnung darf aber nur dann vorgenommen werden, wenn die einzugebende Zahl größer null ist. Projektname: *wurzel1*

Lösungshinweise

Die Funktion SQR (engl. square root) berechnet die Quadratwurzel einer Zahl. Die Syntax lautet: SQR(zahl)

Das Argument *zahl* kann ein beliebiger zulässiger numerischer Ausdruck sein, der größer oder gleich 0 sein muss.

Beachten Sie nebenstehenden Vorschlag der Bildschirmgestaltung. Projektname: *wurzel1*

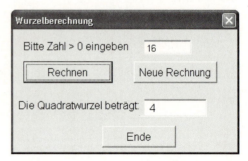

Excel mit benutzerdefinierten Dialogelementen verbinden

Codierung

```
Dim zahl, wurzel As Double

Private Sub BSFLende_Click()
    End
End Sub

Private Sub BSFLneu_Click()
    TFzahl.Text = " "
    TFwurzel.Text = " "
    TFzahl.SetFocus
End Sub

Private Sub BSFLrechnen_Click()
zahl = Val(TFzahl.Text)
If zahl > 0 Then
    wurzel = SQR(zahl)
    TFwurzel.Text = Str(wurzel)
End If
End Sub
```

Erklärungen

Mit der Anweisung

„IF zahl > 0 Then"

wird die Bedingung für die Dateneingabe formuliert. Ist die Bedingung erfüllt (Eingabe > 0), so wird die Wurzel berechnet und ausgegeben. Ist die Bedingung jedoch nicht erfüllt, wird überhaupt nichts ausgegeben.

Nachteil der Lösung

Gibt der Anwender eine Zahl < 0 ein, so erfolgt kein Warnhinweis. Das Programm hält lediglich an, bis die Schaltfläche *Ende* angeklickt wird.

3.3.3.2 Beispiel einer mehrseitigen Entscheidungsstruktur

Normalerweise wünscht man sich jedoch in obigem Fall die Ausgabe einer Meldung, dass eine negative Zahl eingegeben wurde. Dies ist nur mit einer zwei- bzw. mehrseitigen Auswahlstruktur lösbar, was folgende Programmerweiterung mit dem Projektnamen *wurzel2* zeigt.

```
Private Sub BSFLrechnen_Click()
zahl = Val(TFzahl.Text)
If zahl > 0 Then
    wurzel = SQR(zahl)
    TFwurzel.Text = Str(wurzel)
Else
    TFwurzel.Text = "Nur Zahlen > 0 eingeben!"
End If
End Sub
```

Allgemein gilt für mehrseitige Auswahlanweisungen nebenstehende Struktur:

Allgemein könnnte man formulieren:

„Wenn eine von mehreren Bedingungen erfüllt ist, dann veranlasse das Programm, den jeweils zugehörigen Anweisungsblock abzuarbeiten."

```
IF Bedingung 1 THEN
    Anweisungsblock 1

ElseIF Bedingung 2 THEN
    Anweisungsblock 2
Else

IF Bedingung 3 THEN

Else
    Anweisungsblock N
End IF
```

PROBLEMSTELLUNG: Mietwagenkonditionen, Teil II

Bereits im Kapitel 2.3.5.2: „Mietwagenkonditionen für Campingfahrzeuge im Vergleich", Seite 79, wurde eine Abrechnung unterschiedlicher Fahrzeuge und Tarife vorgestellt.

Arbeitsauftrag

Bitte laden Sie die Tabelle mit dem Namen: *Auto_Vermiet_1.xls* und ergänzen Sie diese um Schaltflächen, Optionsschaltflächen, … lt. abgebildetem Formular. Ziel ist es, nach Anklicken auf einer Optionsschaltfläche das jeweilige Fahrzeug auszuwählen und mittels einer Verweisfunktion die Berechnungen vorzunehmen.

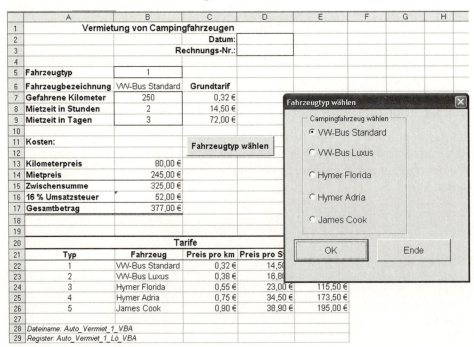

Lösungshinweise

1. Aktivieren Sie über den Menüpunkt: Ansicht/Symbolleiste die Steuerelement-Toolbox.
2. Setzen Sie eine Befehlsschaltfläche in die Zellen C11 bis D11.
3. Klicken Sie mit der rechten Maustaste auf den Button, um das Kontextmenü aufzurufen.
4. Wählen Sie den Menüpunkt *Eigenschaften* und ändern Sie die voreingestellte „caption" in den Text: „Fahrzeugtyp wählen" um. Der Name der Schaltfläche = *BSFLauswahl*.
5. Doppelklicken Sie auf der Schaltfläche und geben Sie folgende Zeile ein: `FRMfahrzeugtyp.Show`. Hierdurch wird das Auswahlfenster mit dem Namen *FRMfahrzeugtyp* aufgerufen.
6. Rufen Sie im Menü: Extras/Makro den Visual-Basic-Editor auf.
7. Um das Formular (UserForm) einzufügen, müssen Sie den Menüpunkt Einfügen/UserForm wählen.
8. Erstellen Sie obig abgebildetes Formular mit Rahmen, Optionsschaltflächen und Befehlsschaltflächen, wobei folgende Eigenschaften vorgeschlagen werden:

Festlegung der Eigenschaften der Objekte im Überblick

Objekt	Eigenschaft	Name
Optionsschaltfläche 1	caption: „VW-Bus Standard"	OPT_VW_Standard
Optionsschaltfläche 2	caption: „VW-Bus Luxus"	OPT_VW_Luxus
Optionsschaltfläche 3	caption: „Hymer Florida"	OPT_Hymer-Florida
Optionsschaltfläche 4	caption: „Hymer Adria"	OPT_Hymer_Adria
Optionsschaltfläche 5	caption: „James Cook"	OPT_James_Cook
Befehlsschaltfläche 1	caption: „ok"	BSFLok
Befehlsschaltfläche 2	caption: „Ende"	BSFLende
Formular	Titelleiste: „Fahrzeugtyp wählen"	FRMfahrzeugtyp
Rahmen	caption: „Fahrzeugtyp wählen"	Frame1

Quellcode

```
Private Sub BSFLende_Click()
   Hide 'Formular schließen
End Sub

Private Sub BSFLok_Click()
Range("B5").Select 'Eingabezelle auf Tabellenblatt auswählen

If OPT_VW_Standard.Value = True Then
ActiveCell = 1 ' in ausgewählter Zelle die Ziffer 1 eintragen
End If

If OPT_VW_Luxus.Value = True Then
ActiveCell = 2
End If

If OPT_Hymer_Florida.Value = True Then
ActiveCell = 3
End If

If OPT_Hymer_Adria.Value = True Then
ActiveCell = 4
End If

If OPT_James_Cook.Value = True Then
ActiveCell = 5
End If

Hide
End Sub
```

3.3.3.3 Mehrfachauswahl mit dem SELECT-CASE-Statement

Auf einen Blick

Oft tritt der Fall auf, dass unter einer Reihe von Alternativen ausgewählt werden muss und entsprechend dieser Auswahl ganz bestimmte Anweisungen auszuführen sind. Um solche Problemstellungen nicht mit geschachtelten IF-Anweisungen lösen zu müssen, empfiehlt es sich, mit dem SELECT-CASE-Statement zu arbeiten. Somit wird die Codierung rationeller und leichter lesbar.

Excel mit benutzerdefinierten Dialogelementen verbinden

Visual Basic kennt hierzu nebenstehend abgebildete Konstruktion:

Nach SELECT CASE steht ein Prüfausdruck (meist eine Variable). Dieser Ausdruck (Selector) prüft, welche Anweisung(en) auszuwählen ist (sind). Visual Basic vergleicht nach der Prüfung anschließend das Ergebnis dieses Ausdrucks mit den Werten der möglichen Fälle, die durch CASE eingeleitet werden. Wenn eine Übereinstimmung vorliegt, wird der mit diesem Fall verknüpfte Anweisungsblock ausgeführt.

```
SELECT CASE Prüfausdruck
   CASE Ausdruck 1
      Anweisungsblock 1
   CASE Ausdruck 2
      Anweisungsblock 2
   CASE Ausdruck 3
      Anweisungsblock 3
   ...
   ...
 [CASE ELSE
      Anweisungsblock N]
END SELECT
```

Darstellung im Struktogramm

Sektor			
Fall 1	Fall 2	...	Sonst-Fall
Anweisung 1	Anweisung 2	...	Sonst-Anweisung

Ausgangsbeispiel

Gegeben ist die allgemeine Zinsformel: **Z = K * P * T / (100 * 360)**

Es ist ein Projekt zu erstellen, das – nach den Wünschen des Anwenders – entweder die Zinsen, das Kapital, die Jahre oder die Zeit berechnet und am Bildschirm ausgibt. Jeder der vier Fälle (engl. case) soll mittels Eingabe eines einzigen Buchstabens ausgewählt werden (Z, K, P, T bzw. z, k, p, t). Projektname = *zins3*

Vorschlag der Bildschirmgestaltung in Abhängigkeit der Dateneingabe

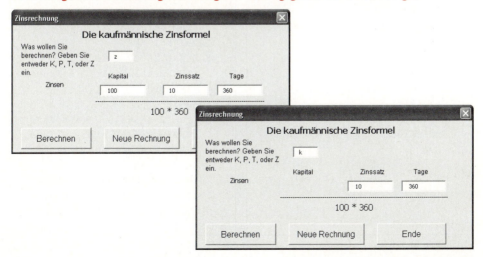

Bitte entnehmen Sie folgendem Bildschirm die Namen wichtiger Steuerelemente:

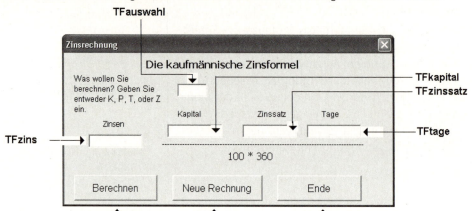

Je nachdem, welchen Fall der Anwender wählt, wird die Formel zur Berechnung aufgelöst. Nicht mehr am Bildschirm benötigte Textfelder sollen ausgeblendet werden.

Variablenvereinbarung

```
Dim Z, K, P As Single
Dim T As Integer
Din A As String
```

Zuordnung des Selektors A und Initialisierung

```
Private Sub TFauswahl_Change()
A = TFauswahl.Text
TFzins.Text = " "
TFkapital.Text = " "
TFzinssatz.Text = " "
TFtage.Text = " "
```

Ausblenden von Textfeldern

```
Select Case A
   Case "Z", "z"
   TFzins.Visible = False
   Case "K", "k"
   TFkapital.Visible = False
   Case "P", "p"
   TFzinssatz.Visible = False
   Case "T", "t"
   TFtage.Visible = False
   Case Else
   TFauswahl.Text = ""
   End Select
End Sub
```

Codierung der Berechnungen

```
Select Case A
   Case "Z", "z"
   Z = K * P * T / (36000)
      TFzins.Visible = True
      TFzins = Str(Z)
   Case "K", "k"
   K = Z * 36000 / (P * T)
      TFkapital.Visible = True
      TFkapital = Str(K)
   Case "P", "p"
      P = Z * 36000 / (K * T)
      TFzinssatz.Visible = True
      TFzinssatz = Str(P)
   Case "T", "t"
      T = Z * 36000 / (K * P)
      Tftage.Visible = True
      Tftage = Str(T)
End Select
```

Erklärungen zu wichtigen Code-Zeilen: TFzins.Visible = False

Werden Zinsen berechnet, muss das Eingabefeld für die Zinsen ausgeblendet werden. Hierzu dient die *Visible-Eigenschaft*. Die Voreinstellung lautet *true*, d. h., das Objekt wird eingeblendet.

> **Allgemein gilt:** `Steuerelement.Visible = boolesch`

Nebenstehend wird eine Alternative zu der IF… THEN…ELSE-Konstruktion angeboten, die sich immer dann einzusetzen lohnt, wenn aus mehreren Anweisungsblöcken ein Block selektiv ausgeführt werden soll.

```
SELECT CASE A
   CASE "Z", "z"
   Z = K * P * T / (36000)
```

SELECT CASE arbeitet nur mit einer einzigen Prüfstruktur, die nur einmal, und zwar am Anfang der Struktur, ausgewertet wird. Der Prüfausdruck wird in unserem Fall von der Variablen A (Datentyp = String) aufgenommen. Visual Basic vergleicht anschließend das Ergebnis dieses Ausdrucks mit den Werten der möglichen Fälle, die durch CASE eingeleitet werden. In unserem Fall nach „Z", „K", „P", „T", „z", „k", „p", „t". Wenn eine Übereinstimmung vorliegt, wird der mit diesem Fall verknüpfte Anweisungsblock ausgeführt.

3.3.4 Wiederholungen im Programm steuern

Auf einen Blick

> In der modernen Arbeitswelt treten häufig Problemstellungen auf, bei denen ein Programm oder einzelne Programmteile mehrmals hintereinander abgearbeitet werden müssen. Mit dem momentanen Kenntnisstand könnte der vorgegebene Sachverhalt entweder durch Neustarten des Programms oder durch mehrmalige lineare Codierung gelöst werden, was nicht praktikabel wäre. Deshalb erlauben alle Programmiersprachen den Einsatz so genannter zyklischer Programme, auch Schleifen bzw. **Wiederholungsanweisungen** genannt.

Jede Schleife besteht aus

1. einer Anweisung bzw. Anweisungsfolge, die mehrfach auszuführen ist, und
2. einer Bedingung, deren Erfülltsein den Abbruch der Wiederholung bewirkt (Abbruchbedingung).

Somit gibt es in jeder Programmiersprache mindestens **zwei Hauptgruppen von Schleifen:**

1. Eine, deren Abbruchbedingung **vor** den zu wiederholenden Anweisungen steht und somit den Eintritt in die Schleife regelt, und
2. eine, deren Abbruchbedingung **am Ende** aller Wiederholungsanweisungen positioniert ist und somit den Austritt aus der Schleife regelt.

3.3.4.1 Probleme lösen mit der abweisenden Schleife DO WHILE-LOOP

Wird vor Eintritt in die Wiederholungsanweisungen (Schleifenkörper) in einem Bedingungsausdruck geprüft, ob die Anweisungen des Schleifenkörpers bearbeitet werden sollen, spricht man von einer **kopfgesteuerten Schleife.** Visual Basic kennt hierzu nebenstehend abgebildete Konstruktion:

```
DO WHILE Eintrittsbedingung
    Anweisungsblock
LOOP
```

Wenn Visual Basic diese Schleife ausführen soll, wird zunächst die Eintrittsbedingung geprüft. Wenn die Bedingung False ist, werden alle Schleifenanweisungen übersprungen. Wenn Sie True ist, führt das Programm die Anweisungen aus und kehrt dann zur DO-WHILE-Anweisung (Schleifenkopf) zurück, um die Eintrittsbedingung erneut zu prüfen. Solange die Eintrittsbedingung ungleich null oder True ist, kann die Schleife beliebig oft ausgeführt werden. Die Anweisungen werden nie ausgeführt, wenn die Eintrittsbedingung von Anfang an False ist.

Regel:

„Solange eine Schleifeneintrittsbedingung erfüllt ist, wiederhole eine Anweisung bzw. einen Anweisungsblock."

Darstellung im Struktogramm:

Solange die Bedingung erfüllt ist, wiederhole
Anweisung bzw. Anweisungsblock

PROBLEMSTELLUNG

Es ist ein Programm zu erstellen, das die Summe der Zahlen von

1 + 2 + 3 + 4 + ... + 98 + 99 + 100

berechnet und ausgibt. Projektname: *summe1*

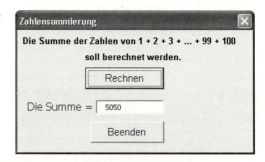

Codierung

```
Private Sub BSFLrechnen_Click()
Do While zahl <= 100
    summe = summe + zahl
    zahl = zahl + 1
Loop
TFsumme.Text = Str(summe)
End Sub
```

Erklärungen

`Do While zahl <= 100`

Hier wird geprüft, ob der Anweisungsblock (die beiden folgenden Zeilen des Schleifenkörpers) auszuführen ist. Dies trifft zu, solange der Inhalt der Variablen *zahl* kleiner oder gleich 100 ist. DO WHILE sind BASIC-reservierte Worte, die den Schleifenkopf einleiten. LOOP bildet das reservierte Wort des Schleifenfußes.

3.3.4.2 Probleme lösen mit der nicht abweisenden Schleife DO-LOOP UNTIL

Die nicht abweisende Schleife (fußgesteuerte Schleife) wird in Visual Basic durch die DO-LOOP-Until-Anweisung realisiert.

Regel:

„Wiederhole eine Anweisung (Anweisungsfolge), bis die Austrittsbedingung erfüllt ist."

VBA kennt hier die Konstruktion:

```
DO
    Anweisungsblock
LOOP UNTIL Austrittsbedingung
```

Im Gegensatz zur DO-WHILE-LOOP-Anweisung führt diese Konstruktion zuerst die Wiederholungsanweisung(en) durch und prüft anschließend nach jeder Ausführung die Austrittsbedingung. Somit gewährleistet diese Variation, dass die Schleife mindestens einmal ausgeführt wird.

Darstellung im Struktogramm

Mindestens einmal auszuführender Anweisungsblock
Wiederhole, bis die Austrittsbedingung erfüllt ist

Man kann folgende, konstruierte Problemstellung fast schon als Klassiker der Schleifenkonstruktionen bezeichnen:

PROBLEMSTELLUNG

Angenommen, holländische Einwanderer hätten im Jahre 1627 die Insel Manhattan für Waren im Wert von umgerechnet 24,00 $ von Algonkin-Indianern gekauft.

Auf welchen Betrag wären diese 24,00 $ bis in das laufende Jahr angewachsen, wenn sie als Geldanlage mit einem Zinssatz von 2 % verzinst worden wären?

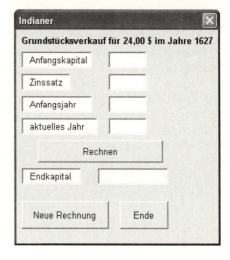

Struktogramm

	DO
	kapital = kapital + kapital · zinssatz / 100
	ajahr = ajahr + 1
LOOP UNTIL ajahr >= njahr	
Ausgabe der Variablen *kapital*	

Objektbeschreibung (ohne Bezeichnungsfelder)

Objekt	Eigenschaft	Name
Textfeld 1		TFkapital
Textfeld 2		TFzinssatz
Textfeld 3		TFajahr
Textfeld 4		TFnjahr
Textfeld 5		TFendkap
Befehlsschaltfläche 1	caption: „Rechnen"	BSFLrechnen
Befehlsschaltfläche 2	caption: „Neue Rechnung"	BSFLneu
Befehlsschaltfläche 3	caption: „Ende"	BSFLende

Excel mit benutzerdefinierten Dialogelementen verbinden

Codierung

```
Dim ajahr, njahr, kapital As Double

Private Sub BSFLende_Click()
    End
End Sub

Private Sub BSFLneu_Click()
    TFkapital.Text = " "
    TFzinssatz.Text = " "
    TFnjahr.Text = " "
    TFajahr.Text = " "
    TFkapital.SetFocus
End Sub

Private Sub BSFLrechnen_Click()

    kapital = Val(TFkapital.Text)
    ajahr = Val(TFajahr.Text)
    zinssatz = Val(TFzinssatz.Text)
    njahr = Val(TFnjahr.Text)
Do
    kapital = kapital + kapital * zinssatz / 100
    ajahr = ajahr + 1
Loop Until ajahr >= njahr

    TFendkap.Text = Format(kapital, "#######,##0.00, Dollar")
End Sub
```

Erklärungen

kapital = kapital + kapital * zinssatz / 100

Hier wird der Variablen *kapital* das Anfangskapital zugewiesen und die Zinsen hinzuaddiert.

ajahr = ajahr + 1

Über das Textfeld *TFajahr* wird per Tastatur das Anfangsjahr eingegeben. In der Schleife wird dieses Anfangsjahr hochgezählt, bis die Austrittsbedingung erfüllt ist.

Loop Until ajahr >= njahr

Loop und Until sind reservierte Befehlsworte, welche das Schleifenende (Schleifenfuß) kennzeichnen. Hier steht die Austrittsbedingung, welche die Wiederholungen beendet.

Gegenüberstellung der beiden Schleifenkonstruktionen

DO-WHILE-LOOP	DO-LOOP-UNTIL
Vor jedem Schleifendurchlauf wird die formulierte Bedingung auf ihren Wahrheitswert geprüft. Somit wird auf die Fortsetzung des Schleifendurchlaufes vor dem Schleifeneintritt entschieden. Unter Umständen wird die Schleife nicht ausgeführt.	Erst nach einem Schleifendurchlauf wird die Abbruchbedingung geprüft. Somit wird erst im Schleifenfuß auf Abbruch des Schleifendurchlaufes entschieden. Die Schleife wird mindestens einmal durchlaufen.

3.3.4.3 Probleme lösen mit der Zählerschleife FOR-NEXT

Steht die Anzahl der Wiederholungen von vornherein fest und soll ein Anfangswert immer um einen gleichen Wert (Schrittweite) erhöht werden, so eignet sich die FOR-NEXT-Konstruktion. Man spricht in diesem Zusammenhang von einer zählergesteuerten Schleife. Im Gegensatz zur DO-Schleife verwendet die FOR-Schleife eine Zählvariable, deren Wert mit jeder Ausführung zu- oder abnimmt.

Die Syntax lautet:

> FOR Zähler = Startwert TO Endwert [SETP Schrittweite]
>   Anweisung(en)
> NEXT [Zähler]

Die Argumente *Zähler*, *Startwert*, *Endwert* und *Schrittweite* sind numerisch. Das Argument *Schrittweite* kann positiv oder negativ sein. Wenn die Schrittweite positiv ist, muss der Startwert kleiner oder gleich dem Endwert sein, da sonst die Anweisungen in der Schleife nicht ausgeführt werden können. Ist die Schrittweite negativ, muss der Startwert größer oder gleich dem Endwert sein.

Achtung
Wenn die Schrittweite (STEP) nicht gesetzt wird, wird für die Schrittweite standardmäßig der Wert 1 verwendet.

Ablaufsteuerung der FOR-Schleife

1. Einer Laufvariablen (Zählvariable/Zähler) wird ein Anfangswert zugeordnet.
2. Es wird geprüft, ob der Zähler gleich dem Endwert ist. Ist dies der Fall, werden keine Anweisungen mehr wiederholt.
3. Die Wiederholungsanweisungen werden ausgeführt.
4. Der Zähler wird um die Schrittweite erhöht.
5. Die Schritte 2 bis 4 werden wiederholt.

Excel mit benutzerdefinierten Dialogelementen verbinden

Darstellung im Struktogramm

Von Zähleranfangswert bis Endwert mit Schrittweite (SW), wiederhole	
	Anweisungsblock 1
	Anweisungsblock 2
	Anweisungsblock X

PROBLEMSTELLUNG 1: Einführungsbeispiel = Der Brautschuh wird versteigert

Haben Sie anlässlich einer Hochzeitsfeier schon an einer „amerikanischen Versteigerung" des Brautschuhs teilgenommen?

Regeln:

Bei dieser Versteigerungsart beginnt das erste Gebot z. B. mit 1,00 €. Der Bieter legt 1,00 € in das Sammelgefäß (bei uns Karton genannt). Der nächste Bieter erhöht auf 2,00 €. Es wird jedes Mal um 1,00 € erhöht; der gebotene Betrag muss in den Karton gelegt werden. Derjenige, der als Letzter geboten hat, erhält den Zuschlag.

Arbeitsauftrag

Es ist eine Anwendung zu erstellen, die diese Versteigerung simuliert. Es sollen – damit nicht so viel Zeit und Geld in Anspruch genommen wird – lediglich 15 Durchgänge stattfinden.

Da die Anzahl der erforderlichen Schleifendurchläufe vor Eintritt in die Schleife bekannt ist, kann die zählergesteuerte Schleife verwendet werden. Projektname: *versteiger1*

Struktogramm

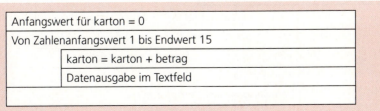

Codierung

```
Dim karton, betrag As Integer

Private Sub BSFLstart_Click()
   karton = 0
   For betrag = 1 To 15
      karton = karton + betrag
   Next betrag
   TFkarton.Text = Format(karton, "####,##0.00 €")
End Sub
```

Erkärungen

Karton = 0	Hier wird der Kartoninhalt auf null gesetzt (Initialisierung). Wenn nämlich zu Beginn der Versteigerung zufällig noch Geld im Karton wäre, würde ein falsches Ergebnis die Folge sein. In der Sprache der Programmierer lautet die Zeile: *„Initialisiere die Variable karton mit dem Anfangswert von 0."*
For betrag = 1 To 15	Diese Zeile steuert die Ausführung des Schleifenkörpers. Solange die Variable *betrag* den Wert 15 nicht überschritten hat, werden die Anweisungen des Schleifenkörpers ausgeführt. Nach jedem Schleifendurchlauf wird der Inhalt der Variablen *betrag* automatisch um 1 erhöht.

PROBLEMSTELLUNG 2: Vertiefungsbeispiel = Wurzelberechnung

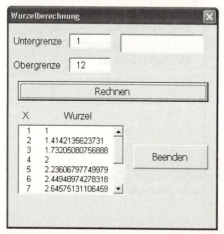

In Tabellenform soll – nach Eingabe einer frei zu wählenden positiven Unter- und Obergrenze für den x-Wert – die Wurzel von x ausgegeben werden. Ist die Eingabe der Untergrenze negativ oder die Untergrenze größer als die Obergrenze, soll eine Fehlermeldung am Bildschirm ausgegeben werden. Projektname = *wurzel3*

Struktogramm

Excel mit benutzerdefinierten Dialogelementen verbinden

Tabelle wichtiger Objekte

Objekt	Eigenschaft	Name
Befehlsschaltfläche 1	caption: „Rechnen"	BSFLrechnen
Befehlsschaltfläche 2	caption: „Beenden"	BSFLende
Textfeld 1		TFuntergrenze
Textfeld 2		TFobergrenze
Textfeld 3		TFhinweis
Listenfeld		LSTergebnis

Codierung

```
Dim anfangswert, endwert, i, y As Integer
Dim wurzel As Double
Dim zaehlerwert, wurzelwert As String

Private Sub BSFLneu_Click()
   TFhinweis.Text = " "
   TFobergrenze.Text = " "
   TFuntergrenze.Text = " "
   LSTergebnis.Clear
End Sub

Private Sub BSFLrechnen_Click()
   anfangswert = Val(TFuntergrenze.Text)
   endwert = Val(TFobergrenze.Text)
   If (anfangswert <= 0) Or (endwert < anfangswert) Then
   TFhinweis = "Positive Zahlen eingeben!"
Else
   For i = anfangswert To endwert
   wurzel = Sqr(i)
   zaehlerwert = Format(Str(i), " ###,####### ")
   wurzelwert = Str(wurzel)
   LSTergebnis.AddItem zaehlerwert + wurzelwert
   Next i
   End If
End Sub
```

Erklärungen

Folgende Programmzeile dient dem Ziel, die Ergebnisse in der Listenbox (LSTergebnis) nebeneinander in Spaltenform auszugeben.

```
LSTergebnis.AddItem zaehlerwert + wurzelwert
```

Die **AddItem-Methode** fügt zur Laufzeit ein Element in ein Listenfeld ein. Die Syntax lautet in allgemeiner Form

```
Steuerelement.AddItem Element
```

In unserem Fall werden die beiden Wertepaare *zaehlerwert* und *wurzelwert* mit dem Pluszeichen verbunden und im Listenfeld spaltenweise ausgegeben.

> Grundsätzlich versteht man unter Methoden Arbeitsanweisungen an Objekte. So kann z. B. durch die Methode MOVE das jeweilige Steuerelement an eine angegebene Position verschoben werden. Die Syntax für die Verwendung einer Methode lautet: *Objekt.Methode.*

3.3.5 Daten in Prozedurform verwalten: Unterprogrammtechnik

Sachverhalt

Viele kennen das Problem: Ist die zu lösende Aufgabe sehr leicht, gerät man in Versuchung, einfach wild draufloszuprogrammieren. Bei komplexen Problemstellungen sollte diese Methode ausschließlich den Genies überlassen werden. Wenden wir uns deshalb der Methode der strukturierten Programmierung zu. Als Ziel der strukturierten Programmierung kann die Erstellung lesbarer, übersichtlicher, zuverlässiger und leicht änderbarer Programme angesehen werden.

1. Die Folgestruktur (Sequenz)

Anweisung_1
Anweisung_X

2. Die Auswahl

Bedingung	
wahr?	falsch?
Verarbeitung 1	Verarbeitung 2

3. Mehrfachauswahl

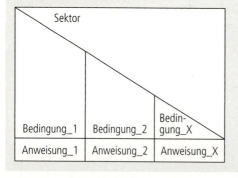

4. Wiederholung mit vorausgehender Bedingungsprüfung

Bedingung	
	Anweisung

5. Wiederholung mit nachfolgender Bedingungsprüfung

	Anweisung
Bedingung	

Neben den genannten Programmstrukturen haben Sie – ohne viel darüber nachzudenken – z. B. die vordefinierte Prozedur *MsgBox* verwendet.

Wie versteht das System die Anweisung? Was steckt dahinter?

MsgBox ist der Name einer Prozedur. An diese Prozedur können verschiedene Parameter übergeben werden.

```
MsgBox "Wollen Sie das Programm beenden?", 0, "Feierabend"
```

Die drei Parameter sind: *Meldung*, *Typ* (0 für „OK") und *Titelzeile*.

Excel mit benutzerdefinierten Dialogelementen verbinden

Somit ist zu unterscheiden zwischen Prozeduren, an die Parameter übergeben werden, und solchen, die ohne Parameter arbeiten. An der Prozedur *MsgBox* wurde gezeigt, dass diese Prozedur kein Ergebnis zurückliefert. Wird dies gewünscht, so sind **Funktionen** zu definieren.

Grundsätzlicher Aufbau von Prozeduren

SUB Prozedur-Name (Parameterliste)
Anweisungsfolge
…
…
END SUB

Die erste Zeile nennt man den Prozedurkopf. Darin kann die Parameterliste definiert werden.

3.3.5.1 Parameterlose Prozeduren

Parameterlose Prozeduren sind dadurch gekennzeichnet, dass – nach ihrer Deklaration und Codierung im Modulfenster – sie nach Aufruf des Prozedurnamens im Hauptprogramm aufgerufen und abgearbeitet werden.

Beispiel: Nettopreisermittlung in prozeduraler Form

In einem Bruttoeinkaufspreis sind 16 % bzw. 7 % Mehrwertsteuer enthalten. Die Lösung ist so zu codieren, dass alle Berechnungen in Unterprogrammen vorzunehmen sind. Der Unterprogrammname sei RECHNEN. Diese Prozedur wird von dem UserForm aus bei Betätigen der jeweiligen Befehlsschaltfläche aufgerufen. Projektname = *brutto3*

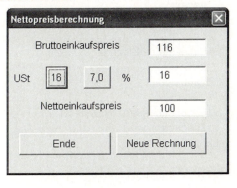

Wichtige Objekte

Objekt	Eigenschaft	Name
Befehlsschaltfläche 1	caption: „16"	BSFLust16
Befehlsschaltfläche 2	caption: „7,0"	BSFLust7
Befehlsschaltfläche 3	caption: „Neue Rechnung"	BSFLneu
Befehlsschaltfläche 4	caption: „Ende"	BSFLende
Textfeld 1		TFbekPreis
Textfeld 2		TFprozent
Textfeld 3		TFergebnis

Ausschnitte der Codierung

```
Dim BEP, NEP, USTSatz, UST_Euro As Single

Sub RECHNEN()
   BEP = Val(TFBEKpreis.Text)
   UST_Euro = BEP / (1 + USTSatz) * USTSatz
   NEP = BEP - UST_Euro
   TFprozent.Text = Str(UST_Euro)
   TFergebnis.Text = Str(NEP)
End Sub

Sub löschen()
   TFBEKpreis.Text = " "
   TFprozent = " "
   TFergebnis = " "
   TFBEKpreis.SetFocus
End Sub

Sub ust1()
   USTSatz = Val(BSFLust16.Caption) / 100
   RECHNEN
End Sub

Sub ust2()
   USTSatz = Val(BSFLust7.Caption) / 100
   RECHNEN
End Sub

Private Sub BSFLende_Click()
   End
End Sub

Private Sub BSFLlöschen_Click()
   LÖSCHEN
End Sub

Private Sub BSFLust16_Click()
   ust1
End Sub

Private Sub BSFLust7_Click()
   ust2
End Sub
```

Nach der Variablenvereinbarung wird die Prozedur codiert. Diese wird in der Laufzeit vom System noch übergangen. Erst beim Aufruf der Prozedur mit dem Prozedurnamen RECHNEN verzweigt das Programm in die Prozedur und arbeitet dort alle Anweisungen ab.

3.3.5.2 Prozeduren mit Werteparametern

Auf einen Blick

Oft ist es erforderlich, dass das Hauptprogramm der Prozedur Werte übergibt, damit die Prozedur die gestellten Aufgaben ausführen kann. Die Inhalte der übergebenen Werte können in der Prozedur (im Gegensatz zur Funktion und Prozeduren mit Variablenparametern) nicht bearbeitet bzw. geändert werden. Es wird lediglich eine Kopie des „echten" Wertes übergeben. Um eine ungewollte Veränderung von Variablen zu verhindern, müssen die Parameter mit dem zusätzlichen Schlüsselwort *ByVal* deklariert werden.

Der Proceduraufruf aus dem Hauptprogramm heraus erfolgt durch den Prozedurnamen und eine Liste von Parametern. Somit übergibt das Hauptprogramm eine Liste von aktuellen Parametern an die Prozedur, genauer gesagt: Aktuelle Parameter des Hauptprogramms werden auf die formalen Parameter der Prozedur kopiert. Die Prozedur rechnet mit diesen Werten weiter.

Arbeitsauftrag

Eine UserForm besteht lediglich aus einer Befehlsschaltfläche zum Starten und einer Befehlsschaltfläche zum Beenden eines Projektes. Die Datenausgabe erfolgt in zwei MsgBoxen. Bitte durchdenken Sie nebenstehenden Quellcode und notieren Sie die Bildschirmausgaben.

```
Dim g As Integer

Sub BSFLstart_Click()
    start
End Sub

Private Sub BSFLende_Click()
    Ende
End Sub

Sub ende()
    end
End Sub

Sub start()
g = 20
proz1 (g)
End Sub

Sub proz1(ByVal p As Integer)
    MsgBox (p)
    p = p + p * 3
    MsgBox (p)
End Sub
```

Erklärungen

- Das Projekt wird über die Schaltfläche mit dem Namen BSFLstart gestartet und ruft sofort das parameterlose Unterprogramm mit dem Namen *start* auf.
- Die Variable g wird mit dem Wert 20 initialisiert.
- Danach wird die Prozedur proz1(g) aufgerufen.

- Der aktuelle Wert von g ist 20. Dieser Wert wird auf den Parameter p, der als call by value (ByVal) vereinbart wurde, übertragen. Die erste MsgBox gibt somit den Wert von 20 aus.
- Danach erfolgt in der Rechenregel p = p + p * 3 die Wertzuweisung der Variablen auf den Wert 80. Dieser Wert wird in der zweiten MsgBox ausgegeben.
- Im nächsten Schritt wird der globalen Variablen g der Wert 20 zugeordnet. **Hier der wichtigste Schritt:** proz1(g); die Prozedur wird mit dem Namen aufgerufen und der aktuelle Wert (g = 20) wird auf den formalen Parameter p kopiert.
- Ergebnis der Datenausgabe: 80

3.3.5.3 Prozeduren mit Variablenübergabe

Sie können einer Prozedur nicht nur eine Kopie der „echten" Werte übergeben, sondern auch direkt den Zugriff auf die Variablen erlauben, die den Wert speichern. Somit lässt sich der Inhalt der Variablen in der Prozedur verändern. Hierzu dient die Vereinbarung der Parameter als Referenz-Parameter (ByRef).

PROBLEMSTELLUNG

Es ist eine Prozedur zu erstellen, die zwei in Textfeldern einzugebende Zahlen vertauscht und danach in zwei anderen Textfeldern ausgibt.

Lösungshinweise

→ Richten Sie zwei Textfelder (TFeingabe1/TFeingabe2), zwei Befehlsschaltflächen (BSFLtauschen/BSFLende) und verschiedene Bezeichnungsfelder ein.
→ Fügen Sie ein leeres Modul hinzu.
→ Deklarieren Sie eine Prozedur mit dem Namen *tausch*. Die Parameter der Prozedur (*zahl1* und *zahl2*) erhalten vom Hauptprogramm die Eingabewerte (globale Variablen a und b).

Die Prozedur hat aber die Aufgabe, die Parameter zu ändern und diese vorgenommene Änderung dem Hauptprogramm zur Datenausgabe zur Verfügung zu stellen. Diese beschriebene Aufgabe übernimmt das den Parametern vorangestellte *ByRef*. **Somit werden aus Werteparametern Variablenparameter.**

Zur Realisierung des Tausches gilt: Wir „retten" die erste Zahl in eine Hilfsvariable, überschreiben nun die erste Zahl mit dem Wert der zweiten Zahl und transportieren als Letztes den geretteten Wert in die zweite Zahl: Man nennt dieses Verfahren „Dreieckstausch".

Excel mit benutzerdefinierten Dialogelementen verbinden

Schematische Darstellung des Tausches mit Ergebnisbildschirm

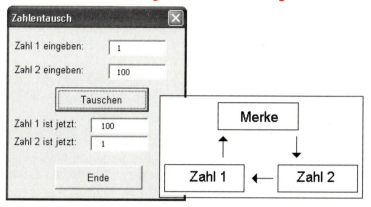

Wichtige Objekte im Überblick

Objekt	Eigenschaft	Name
Befehlsschaltfläche 1	caption: „Tauschen"	BSFLtausch
Befehlsschaltfläche 2	caption: „Ende"	BSFLende
Textfeld 1		TFeingabe1
Textfeld 2		TFeingabe2
Textfeld 3		TFausgabe1
Textfeld 4		TFausgabe2

Codierung

```
Dim a, b As Integer
Sub tausch(ByRef zahl1, zahl2 As Integer)
Dim merke As Integer
    merke = zahl1
    zahl1 = zahl2
    zahl2 = merke
End Sub
Private Sub BSFLtausch_Click()
    a = Val(TFeingabe1.Text)
    b = Val(TFeingabe2.Text)
    tausch a, b
    TFausgabe1.Text = Str(a)
    TFausgabe2.Text = Str(b)
End Sub
```

Erklärungen

```
Sub tausch(ByRef zahl1, zahl2 As Integer)
```

ByRef bewirkt, dass die beiden Hauptprogrammvariablen verändert werden können. In unserem Fall erfolgt ein Tausch zwischen der ersten und zweiten eingegebenen Zahl.

```
tausch a, b
```

Hier erfolgt der Prozeduraufruf. Die Werte der beiden Hauptprogramm-Variablen, die getauscht werden sollen (a und b), werden in der Reihenfolge des Prozedurkopfes an die beiden Parameter *zahl1* und *zahl2* übergeben. Jede Manipulation innerhalb der Prozedur am formalen Parameter bewirkt also in Wirklichkeit eine Änderung der Original-Variablen.

Arbeitsauftrag

Testen Sie den Prozedurkopf mittels folgender Zeile:

```
Sub tausch(ByVal zahl1, zahl2 As Integer)
```

Ergebnis: Es erfolgt kein Tausch. In der Prozedur *tausch* selbst werden die Werte zwar miteinander vertauscht, aber beim Zurückschreiben können die ursprünglichen a- und b-Werte nicht geändert werden, da es sich um ein „call by value" handelt.

3.3.5.4 Referenz- und Wertübergabe

Standardmäßig übergibt VBA alle Argumente als Referenz. Wenn VBA Daten über ein Argument als Referenz übergibt, wird in Wirklichkeit eine Speicheradresse übergeben, die auf die Originaldaten verweist, die zum Zeitpunkt des Aufrufes in der Argumentenliste des Unterprogramms angegeben sind.

Wichtig

 Eine Übergabe als Referenz an ein Unterprogramm erlaubt die Änderung der Originaldaten durch das Unterprogramm. Eine Übergabe als Wert ermöglicht keine Änderung der Werte in den Originaldaten.

Und noch ein Vergleich!

Ein Schüler bittet seinen EDV-Lehrer, er möge die sich auf dem Datenträger befindende Codierung begutachten und bei Bedarf optimieren. Wenn der Lehrer das Programm auf seinem PC zu Hause anschaut und ändert, übergibt er es dem Schüler als **Referenz,** d. h., die Daten wurden geändert. Fertigt aber der Lehrer vor jeder Änderung eine Kopie des Datenträgers an, bleibt das Original unverändert.

Um festzusetzen, ob VBA ein Argument als Wert oder als Referenz übergibt, verwenden Sie die Schlüsselworte ByVal oder ByRef vor den Argumenten, für die Sie die Übergabemethode festlegen wollen.

Excel mit benutzerdefinierten Dialogelementen verbinden

3.3.5.5 Arbeiten mit Funktionsprozeduren

Auf einen Blick

Funktionen sind wie Prozeduren Unterprogramme (Funktionsprozeduren), die eine oder mehrere Aktionen oder Berechnungen durchführen können. Im Gegensatz zu Prozeduren können Funktionen einen Wert an das Hauptprogramm zurückliefern. Wenn die Funktion aufgerufen wird, werden die Anweisungen der Funktion abgearbeitet. Der Rückgabewert einer Funktion kann danach einer Variablen zugewiesen werden.

Funktionsaufbau

FUNCTION Funktionsname (Parameterliste) As Datentyp des Ergebnisses

Vereinbarung lokaler Variablen

...

Anweisungen der Funktion

...

Name = Rückgabewert des Ergebnisses

END FUNCTION

PROBLEMSTELLUNG

Es ist ein Projekt zu erstellen, das die Fakultät von Zahlen mittels einer Funktion berechnet und ausgibt.

Die Fakultät einer Zahl ist wie folgt definiert:

```
N! = 1 * 2 * 3 * 4 * … * (n-1) * n
```

Wichtige Objekte im Überblick

Objekt	Eigenschaft	Name
Befehlsschaltfläche 1	caption = „Rechnen"	BSFLrechnen
Befehlsschaltfläche 2	caption = „Neue Rechnung"	BSFLneu
Befehlsschaltfläche 3	caption = „Ende"	BSFLende
Textfeld 1		TFeingabe
Textfeld 2		TFergebnis

Da die Ermittlung der Fakultät von Zahlen große ganzzahlige Ergebnisse liefert, wurde der Datentyp *Long* verwandt. Der Bereich dieses Datentyps ist um ein Vielfaches größer als der einfache Integer-Typ. Bitte entnehmen Sie die Informationen zum Thema Datentypen dem Anhang dieses Buches. Projektname: *fakult1*

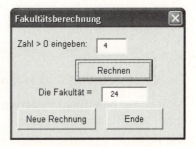

Teilcodierung

```
Function fak(n) As Long
    If n <= 1 Then
        fak = 1
    Else
        fak = n * fak(n - 1)
    End If
End Function

Private Sub BSFLrechnen_Click()
Dim n As Long
    n = Val(TFeingabe.Text)
    TFausgabe.Text = Str(fak(n))
End Sub
```

3.3.6 Tests und Aufgaben zur Lernzielkontrolle

PROBLEMSTELLUNG 1: Zinseszinsrechnung

In einer Zinseszinsberechnung soll das jeweilige Kapital zum Jahresende berechnet und beim Erreichen eines einzugebenden Sparziels die Berechnung abgebrochen werden. In einer Message-Box soll anschließend angezeigt werden, nach wie vielen Jahren das Sparziel erreicht wurde.

Projektname: *zinseszins1_fußgesteuert*

a) Vereinbaren Sie „sprechende" Variablen.

b) Nehmen Sie mittels Input-Boxen die Dateneingabe vor.

c) Formulieren Sie den Schleifenteil der Berechnungen.

d) Geben Sie das Ergebnis in einer Message-Box aus.

PROBLEMSTELLUNG 2: Drei-Monatsdurchschnitt von Onlinekosten

Mittels einer **benutzerdefinierten Funktion** sollen die durchschnittlichen Onlinekosten dreier Monate berechnet und in einer MsgBox ausgegeben werden. Projektname: *online1*

Eingabe- und Ergebnisbildschirm

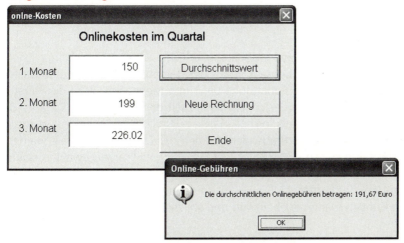

PROBLEMSTELLUNG 3: Bruttopreisberechnung mittels einer Funktion

Erstellen Sie eine Funktion mit dem Namen „Mehrwertsteuer", die von einem – im Hauptprogramm mit dem Namen „Rechnen" über eine Input-Box einzugebenden – Nettobetrag die Mehrwertsteuer berechnet und in einer Message-Box ausgibt. Projektname: *mwst1_funktion*

Allgemeine Fragen

1. Beschreiben Sie die Ablauffolge einer fußgesteuerten Schleife.
2. In welchen Situationen setzen Sie eine fußgesteuerte Schleife ein?
3. Zeichnen Sie ein Struktogramm auf, das den Ablauf einer fußgesteuerten Schleife verdeutlicht.
4. Nennen Sie Vorteile der modularen Programmiertechnik mittels Prozeduren und Funktionen.
5. Ziel der prozeduralen Programmierung ist u. a. eine Unabhängigkeit vom Rest des Programms zu erreichen. Wie kann dieses Ziel erreicht werden?
6. Wodurch unterscheiden sich Funktionen von Prozeduren?
7. Beschreiben Sie, auf welche zwei verschiedene Arten Parameter (Argumente) an eine Funktion übergeben werden können.
a) Argumentübergabe mittels Verweis (by Reference)
b) Argumentübergabe mittels Kopie (by Value)

3.4 Unterprogramme greifen auf Excel-Tabelleninhalte zu

Problemstellung[1]

Herr Berger will eine Preiskalkulation, abhängig von dem Listenpreis und möglichen Abzügen, durchführen. Hierzu überträgt er aus der Datenbank die benötigten Daten nach Excel und trägt die für die Rabatthöhe benötigte Menge ein. Wird die Rabattstufe bei der bestellten Menge überschritten, so erhält der Kunde einen Rabatt z. B. von 10 % gewährt. Die Preiskalkulation soll in einem UserForm durchgeführt werden, wobei bereits am Telefon den anfragenden Kunden der Endpreis mitgeteilt werden kann. Dieses UserForm soll so eingerichtet werden, dass die Warenauswahl in einem Listenfeld vorgenommen werden kann. Die Menge ist in einem Listenfeld einzutragen. In den Feldern darunter berechnet das UserForm dann, ob und in welcher Höhe ein Rabatt an den Kunden weitergegeben wird und welcher Einzel- oder Gesamtpreis zu entrichten ist.

Excel-Ausgangstabelle

Folgende aufsteigend sortierte Excel-Tabelle dient als Grundlage zur Erstellung des UserForms. Der Vorteil des zu erstellenden UserForm liegt u. a. darin, dass Fehleingaben weitestgehend ausgeschlossen sind.

	A	B	C	D	E
1	Kalkulationsfaktor:	1,5			
2					
3	Bezeichnung	EKPreis	Vkpreis	Rabatt ab	Rabattsatz
4	Badeanzug Adria	102,90 €	154,35 €	15	10,0
5	Badeanzug Orion	66,50 €	99,75 €	10	10,0
6	Badeanzug Riviera	44,90 €	67,35 €	20	10,0
7	Badehose clear	44,40 €	66,60 €	10	10,0
8	Badehose Tic	33,50 €	50,25 €	15	10,0
9	Jogginganzug Azur	56,80 €	85,20 €	30	10,0
10	Jogginganzug blue	55,90 €	83,85 €	10	10,0
11	Skateboard inline	155,50 €	233,25 €	10	10,0
12	Skateboard runner	129,90 €	194,85 €	10	10,0
13	Skianorak Kufstein	199,90 €	299,85 €	10	10,0
14	Sporthose Racing	33,90 €	50,85 €	20	10,0
15	Sporthose Sprint	23,50 €	35,25 €	20	10,0
16	Tennisshirt Hamburg	33,70 €	50,55 €	25	10,0
17	Tennisshirt Mallorca	56,90 €	85,35 €	25	10,0
18					
19	Dateiname: kalk3.xls				

Arbeitsaufträge

1. Öffnen Sie die Datenbank mit dem Namen „Berger2.mdb"
2. Erstellen Sie eine neue Auswahlabfrage mit der Tabelle *Artikel*.
3. Wählen Sie die Datenfelder *Bezeichnung* und *EKpreis*.
4. Übertragen Sie das Abfrageergebnis nach Excel.
5. Ergänzen Sie die Tabelle und den Kalkulationsfaktor.
6. Ermitteln Sie die Verkaufspreise.
7. Tragen Sie die Rabattstufen ein.

---

[1] Dieses Beispiel ist sinngemäß entnommen aus: Excel Berater, Verlag Norman Rentrop, Bonn, Seite V4/4 ff.

Unterprogramme greifen auf Excel-Tabelleninhalte zu

Erstellung des UserForms

1. Einteilung in: „Warendaten" und „Preiskalkulation".
2. Einrichtung einer Warenliste mit dem Namen *LstBoxAuswahl*.
3. In der Gruppe „Preiskalkulation" werden anhand der jeweiligen Mengen die Preise und der Rabatt berechnet.

Gestaltungsvorschlag des UserForms

→ EXTRAS/MAKRO
→ Visual-Basic-Editor
→ EINFÜGEN
→ UserForm

Gestalten Sie unter Zuhilfenahme der Werkzeugsammlung nebenstehendes UserForm, wobei zu empfehlen ist mit den beiden Gruppenrahmen zu beginnen.

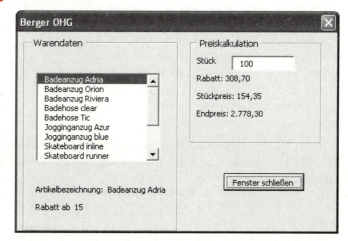

Festlegung der Eigenschaften der Objekte

Objekt	Eigenschaft	Name
Befehlsschaltfläche	caption: „Fenster schließen"	**BSFLschließen**
Gruppenrahmen 1	Text: „Warendaten"	
Gruppenrahmen 2	Text: „Preiskalkulation"	
Bezeichnungsfeld 1	Text: „Artikelbezeichnung"	
Bezeichnungsfeld 2	Text: „Rabatt ab"	**BEZFrabattstaffel**
Bezeichnungsfeld 3	Text: „Stück"	
Bezeichnungsfeld 4	Text: „Rabatt:"	**BEZFrabatt**
Bezeichnungsfeld 5	Text: „Stückpreis"	**BEZFstückpreis**
Bezeichnungsfeld 6	Text: „Endpreis:"	**BEZFendpreis**
Textfeld	ControlSource: Auswahl!F5	**TFmenge**
UserForm	Titelleiste: „Berger OHG"	**UserFormBerger**
Listenfeld	RowSource: Auswahl!A4:E17	**LstBoxAuswahl**

Exceldaten mit Listenfeld verbinden

Um Daten aus Arbeitsmappen mit einem Listenfeld zu verbinden, ist mit der Eigenschaft *RowSource* auf eine Markierung in einer Excel-Tabelle zu verweisen. Auf die Arbeitsmappe der Berger OHG bezogen, lautet die Anweisung: *Auswahl!A4:A17*

Exceldaten mit Textfeld verbinden

Die Dateneingabe der Menge erfolgt im bereits erstellten Textfeld. Soll diese Eingabe mit der Excel-Tabelle verknüpft werden, z. B. mit der Zelle F5, so ist mittels der Eigenschaft *ControlSource* in der Rubrik *Daten* diese Verbindung vorzunehmen. Es gilt: *Auswahl!F5*

Berechnungsformeln erstellen

Die benötigten Berechnungen sollen im Excel-Kalkulationsblatt vorgenommen und die Ergebnisse dann automatisch in die VBA-Dialogblätter übertragen werden. Aus Gründen der Übersichtlichkeit soll eine zweite Tabelle eingerichtet werden (Mausklick mit rechter Maustaste auf die Tabellenbezeichnung „Tabelle2"). Wählen Sie aus dem Kontextmenü die Funktion Umbenennen und benennen Sie die Tabelle mit dem Namen „Berechnung".

	A	B
1	Ware	Badehose clear
2	Rabatt ab	10
3	Einzelpreis	66,60
4	Menge	9
5	Rabatt in %	0
6	Preis ohne Rabatt	599,40
7	Rabatt	0,00
8	Gesamtpreis	599,40

In der Spalte B werden die Eingabedaten und die Ergebnisse eingetragen. Die Zellen B1 und B4 werden von den VBA-Dialogelementen zur Verfügung gestellt. Die anderen Tabellenzellen werden über Formeln gefüllt.

Formel für B2: `=SVERWEIS($B$1;Auswahl!$A$4:$E$17;4)`

Hier wird anhand des Zellinhaltes von B1 in der Tabelle mit dem Namen *Auswahl* der Arbeitsmappe *kalk3.xls* der Wert aus Spalte 4 im Bereich von A4 bis E17 zurückgegeben.

Formel in B3: `=SVERWEIS($B$1;Auswahl!$A$4:$E$17;3)`

Formel in B5: `=WENN($B$4>=$B$2;SVERWEIS($B$1;Auswahl!$A$4:$E$17;5);0)`

Formel in B6: `=B3*B4`

Formel in B7: `=B6*B5/100`

Formel in B8: `=B6-B7`

Erklärungen zu den Ereignisprozeduren

1. Wenn in dem Listenfeld des UserForms mit dem Namen *LstBoxAuswahl* eine Artikelbezeichnung angeklickt wird, soll dieser Name in der Tabelle *Berechnung* in der Zelle B1 eingetragen werden. Danach sollen alle Berechnungen erfolgen. Folgendes Unterprogramm spricht die zweite Tabelle (Sheets(2)) an und adressiert die Zelle B1 (Cells(1,2)).

   Der Formular-Ausdruck ermöglicht das Eintragen eines neuen Wertes, der aus der Listenbox ausgewählt wurde. Der Unterprogrammaufruf AendereLabels sorgt für eine Übertragung der Ergebnisse in das VBA-Modul.

```
Private Sub LstBoxAuswahl_Click()
   Sheets(2).Cells(1,2).Formula = LstBoxAuswahl.Value
   AendereLabels
End Sub
```

Excel um benutzerdefinierte Funktionen ergänzen

2. Im folgenden Unterprogramm wird der Inhalt des Textfeldes mit dem internen Namen *TFstückzahl* dahingehend geprüft, welcher Wert der Benutzer über die Tastatur eingibt. Danach erfolgt eine Übertragung der Dateneingabe in die Tabelle *Berechnung*, in die Zelle B4. Nach der Neuberechnung in der Excel-Tabelle werden die Ergebnisse in die Dialogfelder der UserForm übertragen.

```
Private Sub TFstückzahl_Change()
Dim menge As Double
If TFstückzahl.Text = "" Then
    menge = 0
Else
    menge = Val(TFstückzahl.Text)
    TFstückzahl.Value = menge
End If
    Sheets(2).Cells(4, 2).Formula = menge
    AendereLabels
End Sub
```

3. Beide oben dargestellten Ereignisprozeduren nehmen auf das Unterprogramm „AendereLabel" Bezug. Dort werden alle Werte der Excel-Tabelle in die jeweiligen Bezeichnungsfelder eingetragen. Die With-Anweisung sorgt dafür, dass immer Sheet(2) angesprochen wird; dies ist das Tabellenblatt *Berechnung*.

```
Sub AendereLabels()
BEZFartikel.Caption = "Artikelbezeichnung: " + LstBoxAuswahl.Value
With Sheets(2)
    BEZFrabattstaffel.Caption = "Rabatt ab " + .Cells(2, 2).Text
    BEZFrabatt.Caption = "Rabatt: " + .Cells(7, 2).Text
    BEZFstückpreis.Caption = "Stückpreis: " + .Cells(3, 2).Text
    BEZFendpreis.Caption = "Endpreis: " + .Cells(8, 2).Text
End With
End Sub
```

4. Prozedur, die hinter der Schaltfläche „Fenster schließen" hinterlegt ist:

```
Private Sub CommandButton1_Click()
    UserFormBerger.Hide
End Sub
```

3.5 Excel um benutzerdefinierte Funktionen ergänzen

Auf einen Blick

Wenn Sie eine besonders komplexe Berechnung in vielen Formeln verwenden oder Berechnungen durchführen, für die mehrere Formeln erforderlich und die vorhandenen Tabellenfunktionen für den gewünschten Zweck nicht einsetzbar sind, können Sie benutzerdefinierte Funktionen erstellen. Der Aufruf einer Funktion innerhalb eines Ausdrucks erfolgt durch Angabe des Funktionsnamens, gefolgt von der Argumentenliste, die in Klammern einzuschließen ist. Eine Funktion kann somit den Sprachumfang von Excel erweitern und wie eine eingebaute Funktion in Tabellenblättern eingesetzt werden.

Allgemeine Vorgehensweise

- Leeres VBA-Modul starten.
- Bestimmen, welche Parameter der Anwender einer Excel-Funktion übergeben will, z. B. Zahlen oder Texte. Parameter werden in Klammern übergeben.
- Im leeren VBA-Fenster den Funktionskopf (1. Zeile der Funktion) definieren.
- FUNCTION = Schlüsselwort, hinter dem der Funktionsname anzubringen ist.
- In Klammern (hinter dem Funktionsnamen) festlegen, welche und wie viele Parameter der Funktion übergeben werden sollen.
- Datentypen für die Parameter bestimmen.
- Datentyp für den Wert bestimmen, den die Funktion zurückgeben soll.
- Berechnungen durchführen.
- Ergebnisse an die aufrufende Tabelle zurückgeben.

Problemstellung

Die Abteilung Rechnungswesen der Berger OHG muss täglich eine Vielzahl von eingehenden Zahlungen dahingehend überprüfen, ob die vorgenommenen Preisabzüge mit den lt. Rechnungen gewährten Abzügen übereinstimmen. Hierzu soll eine Funktion mit dem Namen *Abschlag* erstellt werden, die bestimmt, welchen Skontosatz bzw. Rabattsatz der Käufer tatsächlich abgezogen hat. Auf der anderen Seite soll die Funktion *Aufschlag* auf einen gegebenen Betrag einen Prozentsatz aufschlagen und den Bruttobetrag berechnen.

1. Funktionsköpfe definieren
   ```
   FUNCTION Aufschlag(Betrag, Prozentsatz As Double) As Double
   FUNCTION Abschlag(Betrag, Prozentsatz As Double) As Double
   ```
2. Berechnungen programmieren
   ```
   Aufschlag = Betrag + Betrag * Prozentsatz/100
   Abschlag = Brutto / (1 + Prozentsatz/100)
   ```
   Der Formelteil rechts des Gleichheitszeichens rechnet den enthaltenen Prozentsatz aus und weist danach das Ergebnis als Rückgabewert der Funktion zu.
3. Funktionsende
   ```
   END FUNCTION
   ```

Und hier der Quellcode im Überblick

```
Function AUFSCHLAG(Betrag, Prozentsatz As Double) As Double
    AUFSCHLAG = Betrag + Betrag * Prozentsatz / 100
End Function

Function ABSCHLAG(Betrag, Prozentsatz As Double) As Double
    ABSCHLAG = Betrag / (1 + Prozentsatz / 100)
End Function
```

Die Berechnung der Funktion findet in jeweils nur einer einzigen Zeile statt. Mit dieser können aber alle Arten von Ab- bzw. Zuschlägen berechnet werden, z. B. Herausrechnen der Mehrwertsteuer oder des Rabatts, Hinzurechnen von Zuschlagssätzen.

Excel um benutzerdefinierte Funktionen ergänzen

4. Einsatz in Kalkulationen
   - Aufruf des Funktionsassistenten
   - Auswahl der Kategorie „Benutzerdefiniert" oder
   - Aufruf in einer Tabellenzelle durch den Funktionsnamen und die Parameter, z. B. =Abschlag(100;2)

3.5.1 Funktionen allen Arbeitsmappen zur Verfügung stellen

Es ist selbstverständlich, die soeben erstellte Arbeitsmappe abzuspeichern. Es ist aber sehr lästig, die Arbeitsmappe jedes Mal zu öffnen, wenn Sie auf die Funktion zugreifen wollen.

Lösung

→ DATEI
→ „Datei schließen und zurück zu Microsoft Excel"
→ DATEI
→ Speichern unter ...
→ Dateityp = „Microsoft Excel Add-In"

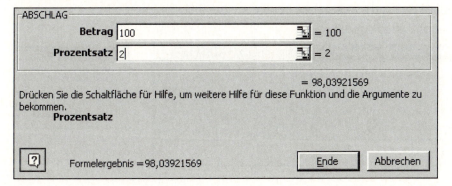

3.5.2 Einbinden des Add-Ins

Tipp

Speichern Sie den Quelltext Ihrer Funktion zusätzlich als gewöhnliche Excel-Datei. Nur so können Sie Änderungen vornehmen.

→ EXTRAS
→ Add-In-Manager
→ Durchsuchen und Add-In auswählen.

Ist ein Add-In einmal eingebunden, muss es nach dem Start von Excel nicht jedes Mal geöffnet werden.

Arbeitsauftrag 1

Geben Sie z. B. in der Spalte A verschiedene Kapitalien ein und ermitteln Sie in Spalte B und C jeweils mit den beiden Funktionen die Zu- und Abschläge.

3.5.3 Funktionen und Prozeduren im gemeinsamen Einsatz

Arbeitsauftrag 2

Es ist ein Programm zu erstellen, das mittels der vordefinierten Funktion InputBox eine Zahl entgegennimmt und diese Zahl an eine Funktion weitergibt mit der Maßgabe, diese Zahl zu quadrieren.

Bedingungen:

1. Das Eingabefenster soll so lange am Bildschirm erscheinen, bis eine Zahl zwischen 1 und 100 eingegeben wird.
2. Werden Buchstaben oder Sonderzeichen eingegeben, muss eine Fehlermeldung erscheinen.
3. Die Schaltfläche „Abbrechen" soll jederzeit betätigbar sein.
4. Die Prozedur *Quadriere* ruft auf:
   Prozedur *LeseZahlEin*: Der Wert *StartZahl* wird geliefert von der
   Funktion *QuadriereZahl*: Sie bekommt *StartZahl* als Parameter und liefert das Quadrat von *StartZahl* zurück.
5. Die Funktion *QuadriereZahl* wird von der Prozedur *Quadriere* aufgerufen. Wenn der übergebene Parameter eine reelle Zahl ist, wird er automatisch in eine ganze Zahl konvertiert und auf- bzw. abgerundet.
6. Dateiname: *zahlquad.xls*

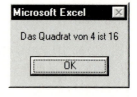

Vorschlag der Codierung

```
Sub LeseZahlEin(Optional Zahl)
Dim msg, titel, eingabe As String
titel = "Bitte eine Zahl eingeben! "
Zahl = 0
Do
   msg = "Bitte eine ganze Zahl (1-100) eingeben: "
   eingabe = InputBox(msg, titel)
   If IsNumeric(eingabe) Then
      If eingabe <= 100 And eingabe > 0 Then
         Zahl = eingabe
      Else
         msg = "Die Zahl soll zw. 1 und 100 sein!"
         MsgBox msg
      End If
```

Excel um benutzerdefinierte Funktionen ergänzen

```
    ElseIf eingabe <> "" Then
        msg = "Nur Zahlen eingeben! "
        MsgBox msg
    Else
        'Der Benutzer hat entweder nichts eingegeben und OK gewählt
        'oder er hat die Schaltfläche Abbrechen geklickt. In beiden
        'Fällen wird das Programm beendet.
        Exit Sub
    End If
    Loop Until IsNumeric(eingabe) And Zahl > 0 And Zahl <= 100
End Sub

Sub Quadriere()
Dim StartZahl As Integer, Ergebnis As Integer, msg As String

LeseZahlEin StartZahl

If StartZahl > 0 Then
    Ergebnis = QuadriereZahl(StartZahl)
    msg = »Das Quadrat von » & StartZahl & » ist » & Ergebnis
Else
    msg = "Programmende"
End If
MsgBox msg
End Sub

Function QuadriereZahl(Zahl As Integer) As Integer
    QuadriereZahl = Zahl * Zahl
End Function
```

Erklärungen

- Die Funktion *IsNumeric* prüft, ob die eingegebene Zeichenkette ein gültiges Zahlenformat besitzt. Danach erfolgt die Überprüfung der vordefinierten Grenzen von 1 bis 100. Wird diese Grenze nicht eingehalten, erfolgt eine Fehlermeldung und die Eingabe kann wiederholt werden.
- Die Schlüsselworte *Exit Function* unterbrechen die Prozedurausführung frühzeitig. Dies ist meist in Abhängigkeit einer Bedingung erforderlich.
- Allgemein wird eine Funktion wie folgt aufgerufen:
  Rückgabewert = Funktionsname (Parameter 1, Parameter 2 …)

4 Projekt: Handelskalkulation

PROBLEMSTELLUNG

In einem Projekt sollen verschiedene Kalkulationsarten für die Berger OHG verwaltet werden. Ausgangspunkt ist ein Hauptmenü, von wo aus die Anwendungen aufgerufen werden können. Die einzelnen Tabellen sollen über die Arbeitsmappenregister gesteuert werden. Zum Einsatz gelangen:

- Verschiedene Adressierungsarten
- Makros
- Benutzerdefinierte Funktionen

Folgende betriebswirtschaftliche Anwendungen sind zu lösen:
1. Kalkulation des Verkaufspreises (Vorwärtskalkulation)
2. Kalkulation des Einkaufspreises (Rückwärtskalkulation)
3. Bestimmung der Gewinnhöhe (Differenzkalkulation)
4. Ausgabe verschiedener Kennziffern

Ablaufplanung und Lösungshinweise

Bitte richten Sie die folgenden Blattregister ein (rechte Maustaste auf Register und neue Namen eingeben):

Register 1:	**Menü**	Register 5:	**Diffkalk** (für Differenzkalkulation)
Register 2:	**Eingabe**	Register 6:	**Kezi** (Kennziffern)
Register 3:	**Vorkalk** (für Vorwärtskalkulation)	Register 7:	**Funktionen**
Register 4:	**Rückkalk** (für Rückwärtskalkulation)	Projektname:	***kalkmak1.xls***

Ausgangsmenü

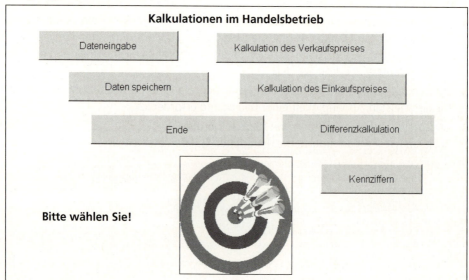

Projekt: Handelskalkulation

1. Tabelle formatieren (EXTRAS/OPTIONEN usw.) und bei Bedarf Clip Art einfügen.
2. Schaltflächen mittels der Formular-Symbolleiste einfügen.
3. Es erscheint das Dialogfeld „Zuweisen", mit dem der ersten Schaltfläche ein Makro zuzuweisen wäre. Wählen Sie die Schaltfläche „Abbrechen" und erstellen Sie zuerst alle Befehlsschaltflächen lt. obigem Bildschirm.
4. Nutzen Sie die Möglichkeiten der Windows-Zwischenablage.

Makroerzeugung für die Schaltfläche „Dateneingabe"

Ziel: Ein Mausklick auf der Schaltfläche „Dateneingabe" soll dem Benutzer ermöglichen in der Tabelle „Eingabe" in der Zelle D6 mit der Dateneingabe zu beginnen. Diese Tabelle sollte wie folgt gestaltet werden:

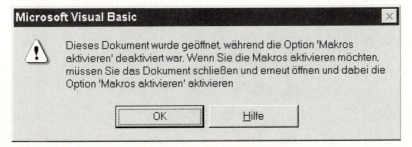

Vorgehensweise

1. Befehlsschaltfläche „Dateneingabe" mit der rechten Maustaste anklicken, um so das zu erstellende Makro der Schaltfläche zuzuweisen.
2. Aufzeichnung beginnen.
3. Makroname = Dateneingabe
4. Registerblatt „Eingabe" aktivieren.
5. Zelle D6 auswählen. (BEARBEITEN/GEHEZU ...)
6. Makroaufzeichnung beenden.

Achtung

Wenn Sie die Anwendung neu in den Hauptspeicher laden, werden Sie von Excel gefragt, ob Sie die Makros aktivieren wollen oder nicht. Nur dann, wenn Sie diese Frage mit Nein beantworten, können Sie den Schaltflächen die jeweiligen Makros zuordnen. Ansonsten erscheint folgender Hinweis:

Bitte erstellen Sie für alle anderen Schaltflächen die Makros und weisen diese den Schaltflächen zu.

In einem weiteren Schritt sind die Tabellen der einzelnen Kalkulationsarten und der Kennziffern zu erstellen, die unten abgebildet sind.

	A	B	C	D	E	F
1	Kalkulation des					
2	Verkaufpreises					
3						
4		%				
5	Einkaufspreis		400,00 €			
6	-Liefererrabatt	20,0	80,00 €			
7	Zieleinkaufspreis		320,00 €	Zurück zum Ausgangsmenü		
8	-Liefererskonto	2,0	6,40 €			
9	Bareinkaufspreis		313,60 €			
10	+ Bezugskosten		30,00 €			
11	Einstandspreis		343,60 €			
12	+ HKZ	25,0	85,90 €			
13	Selbstkosten		429,50 €			
14	+ Gewinnzuschlag	15,0	64,43 €	Tabelle drucken		
15	Barverkaufspreis		493,93 €			
16	+ Vertreterprovision	3,0	15,60 €			
17	+ Kundenskonto	2,0	10,40 €			
18	Zielverkaufspreis		519,92 €			
19	+ Kundenrabatt	10,0	57,77 €			
20	Verkaufspreis		577,69 €			

	A	B	C	D	E	F
1	Kalkulation des					
2	Einkaufspreises					
3		%				
4	**Einkaufspreis**		404,17 €			
5	- Liefererrabatt	20,0	83,39 €			
6	**Zieleinkaufspreis**		333,54 €	Zurück zum Ausgangsmenü		
7	- Liefererskonto	2,0	6,67 €			
8	**Bareinkaufspreis**		326,87 €			
9	+ Bezugskosten		30,00 €			
10	**Einstandspreis**		356,87 €			
11	+ Handlungskosten	25,0	89,22 €			
12	**Selbstkosten**		446,09 €	Tabelle drucken		
13	+ Gewinn	15,0	66,91 €			
14	**Barverkaufspreis**		513,00 €			
15	+ Vertreterprovision	3,0	16,20 €			
16	+ Kundenskonto	2,0	10,80 €			
17	**Zielverkaufspreis**		540,00 €			
18	+ Kundenrabatt	10,0	60,00 €			
19	**Verkaufspreis**		600,00 €			

Projekt: Handelskalkulation

	A	B	C	D	E
1	Differenz-				
2	kalkulation				
3		%			
4	Einkaufspreis		400,00 €		
5	- Liefererrabatt	20,00	80,00 €		
6	Zieleinkaufspreis		320,00 €		
7	- Liefererskonto	2,00	6,40 €	Zurück zum	
8	Bareinkaufspreis		313,60 €	Ausgangsmenü	
9	+ Bezugskosten		30,00 €		
10	Einstandspreis		343,60 €		
11	+ Handlungskosten	25,00	85,90 €		
12	Selbstkosten		429,50 €		
13	+ Gewinn	15,00	83,50 €	Tabelle drucken	
14	Barverkaufspreis		513,00 €		
15	+ Vertreterprovision	3,00	16,20 €		
16	+ Kundenskonto	2,00	10,80 €		
17	Zielverkaufspreis		540,00 €		
18	+ Kundenrabatt	10,00	60,00 €		
19	Verkaufspreis		600,00 €		

	A	B
1		
2	Kalkulationszuschlag	44,42
3	Handelsspanne	30,76
4	Kalkulationsfaktor	1,44
5		
6	Zurück zum Menü	
7		
8		
9		
10	Drucken	
11		

Handelsspanne = (Verkaufspreis – Einstandspreis) * 100 / Verkaufspreis
Kalkulationszuschlag = (Verkaufspreis – Einstandspreis) * 100 / Einstandspreis
Kalkulationsfaktor = Verkaufspreis / Einstandspreis

Formeln:

Kalkulationszuschlag:	=(Vorkalk!C20-VorkalkC5)*100/Vorkalk!C5
Handelsspanne:	=(Vorkalk!C20-VorkalkC5)*100/Vorkalk!C20
Kalkulationsfaktor:	=(Vorkalk!C20/Vorkalk!C5)

Da alle Eingabedaten von der Tabelle „Eingabe" an die Kalkulationstabellen „geliefert" werden, sind die Adressen mit einem Bezug auf die Eingabetabelle zu adressieren. So lautet z. B. die Formel für den Liefererrabattsatz bei der Vorwärtskalkulation in der Zelle B6: =Eingabe!D10.

Bei allen drei Kalkulationsarten sind die drei verschiedenen Verfahren der Prozentrechnung anzuwenden.
1. Prozentrechnung „Vom Hundert"
2. Prozentrechnung „Im Hundert"
3. Prozentrechnung „Auf Hundert"

Hier lohnt der Einsatz von benutzerdefinierten Funktionen. Argumente dieser Funktionen sind:

Grundwert und Prozentsatz.

Funktionsnamen: *ProzVom*, *ProzIm* und *ProzAuf*.

Funktionsaufruf: Funktionsname(Argument1; Argument2), z. B. bei der Vorwärtskalkulation gilt in Zelle C6: =ProzVom(C5;B6).

Vorgehensweise

- Blattregister „Funktionen" mit der rechten Maustaste anklicken.
- Code anzeigen.
- EINFÜGEN/MODUL
- Schreiben Sie in das leere Modulfenster die benötigten Funktionen, die unten abgebildet sind.

```
Option Explicit

Function ProzVom(Grundwert As Double, Prozentsatz As Single) As Double
    ProzVom = Grundwert * Prozentsatz / 100
End Function

Function ProzAuf(ErhGrundwert As Double, Prozentsatz As Single) As Double
    ProzAuf = ErhGrundwert / (100 + Prozentsatz) * Prozentsatz
End Function

Function ProzIm(VermGrundwert As Double, Prozentsatz As Single) As Double
    ProzIm = VermGrundwert / (100 - Prozentsatz) * Prozentsatz
End Function
```

5 Anhang

ANSI-CODE Zeichensatz (0–255)

→ Drücken Sie die Taste <Alt>. Tippen Sie auf dem Zahlenblock der Tastatur die Zahl 0 und anschließend die gewünschte Ziffernfolge der Tabelle.

0	▪	32	[Leer]	64	@	96	`	128	▪	160	[Leer]	192	À	224	à
1	▪	33	!	65	A	97	a	129	▪	161	¡	193	Á	225	á
2	▪	34	"	66	B	98	b	130	▪	162	¢	194	Â	226	â
3	▪	35	#	67	C	99	c	131	▪	163	£	195	Ã	227	ã
4	▪	36	$	68	D	100	d	132	▪	164	€	196	Ä	228	ä
5	▪	37	%	69	E	101	e	133	▪	165	¥	197	Å	229	å
6	▪	38	&	70	F	102	f	134	▪	166	¦	198	Æ	230	æ
7	▪	39	'	71	G	103	g	135	▪	167	§	199	Ç	231	ç
8	**	40	(	72	H	104	h	136	▪	168	¨	200	È	232	è
9	**	41	)	73	I	105	i	137	▪	169	©	201	É	233	é
10	**	42	*	74	J	106	j	138	▪	170	ª	202	Ê	234	ê
11	▪	43	+	75	K	107	k	139	▪	171	«	203	Ë	235	ë
12	▪	44	,	76	L	108	l	140	▪	172	¬	204	Ì	236	ì
13	**	45	-	77	M	109	m	141	▪	173	-	205	Í	237	í
14	▪	46	.	78	N	110	n	142	▪	174	®	206	Î	238	î
15	▪	47	/	79	O	111	o	143	▪	175	¯	207	Ï	239	ï
16	▪	48	0	80	P	112	p	144	▪	176	°	208	Ð	240	ð
17	▪	49	1	81	Q	113	q	145	'	177	±	209	Ñ	241	ñ
18	▪	50	2	82	R	114	r	146	'	178	²	210	Ò	242	ò
19	▪	51	3	83	S	115	s	147	▪	179	³	211	Ó	243	ó
20	▪	52	4	84	T	116	t	148	▪	180	´	212	Ô	244	ô
21	▪	53	5	85	U	117	u	149	▪	181	µ	213	Õ	245	õ
22	▪	54	6	86	V	118	v	150	▪	182	¶	214	Ö	246	ö
23	▪	55	7	87	W	119	w	151	▪	183	·	215	×	247	÷
24	▪	56	8	88	X	120	x	152	▪	184	¸	216	Ø	248	ø
25	▪	57	9	89	Y	121	y	153	▪	185	¹	217	Ù	249	ù
26	▪	58	:	90	Z	122	z	154	▪	186	º	218	Ú	250	ú
27	▪	59	;	91	[	123	{	155	▪	187	»	219	Û	215	û
28	▪	60	<	92	\	124	|	156	▪	188	¼	220	Ü	252	ü
29	▪	61	=	93	]	125	}	157	▪	189	½	221	Ý	253	ý
30	▪	62	>	94	^	126	~	158	▪	190	¾	222	Þ	254	þ
31	▪	63	?	95	_	127	▪	159	▪	191	¿	223	ß	255	ÿ

** Die Werte 8, 9, 10 und 13 werden in Rückschritt-, Tabulator-, Zeilenvorschub- und Wagenrücklaufzeichen umgewandelt. Sie können nicht grafisch dargestellt werden, beeinflussen aber (abhängig von der Anwendung) die Anzeige von Text auf dem Bildschirm.

▪ Diese Zeichen werden von Microsoft Windows nicht unterstützt.

Anhang

EXCEL – Fehlermeldungen

Fehlerwert	Fehlerursache
#DIV/0!	Formel enthält eine Division durch null.
#NV!	Der Wert ist nicht verfügbar.
#NAME!	Verwendung eines Namens, der EXCEL unbekannt ist.
#ZAHL!	Probleme mit einer Zahl (z. B. falsches Argument in einer Funktion).
#BEZUG!	Verwendung eines flachen Arguments- oder Operandentyps.
#####	Die Spaltenbreite ist für die Aufnahme eines Wertes zu schmal.

Übersicht über wichtige Felddatentypen (ACCESS)

Felddatentyp	Beschreibung
Text	Nimmt maximal 255 (alphanumerische) Zeichen auf.
Memo	Nimmt einen Text von maximal 32 000 Zeichen auf.
Zahl	Nimmt numerische Werte auf. Das Format (Ganz-, Dezimalzahl) wird mit den Feldeigenschaften festgelegt.
Datum/Zeit	Nimmt Datums- bzw. Zeitwerte auf. Das Format wird mit den Feldeigenschaften festgelegt.
Währung	Nimmt Geldbeträge auf. Die Währungseinheiten werden mit den Feldeigenschaften festgelegt.
Zähler	Ist ein ganzzahliger Wert, der mit 1 beim ersten Datensatz beginnt und mit jedem weiteren Datensatz automatisch weiterzählt. Nur ein einziger Zähler darf pro Tabelle verwendet werden.
Ja/Nein	Nimmt Boole'sche Werte (Wahrheitswerte) auf.

Ergänzende Informationen zum Felddatentyp Zahl:

Felddatentyp	Feldgröße	Bereich
Zahl	Byte	0 bis 255
	Integer	−32.768 bis +32.767
	Long Integer	−2.147.483.648 bis +2.147.483.647
	Single	$-3,4 * 10^{38}$ bis $+3,4 * 10^{38}$
	Double	$-1,797 * 10^{308}$ bis $+1,797 * 10^{308}$

Anhang

Datentypen bei VBA im Überblick

Datentyp	Speicherbedarf
Byte	1 Byte
Boolean	2 Byte
Integer	2 Byte
Long (lange Ganzzahl)	4 Byte
Single (Gleitkommazahl mit einfacher Genauigkeit)	4 Byte
Double (Gleitkommazahl mit doppelter Genauigkeit)	8 Byte
Currency	8 Byte
Date	8 Byte
Objekt	4 Byte
String (variable Länge)	Textlänge
String (feste Länge)	16 Byte plus Textlänge
Variant (mit Zahlen)	16 Byte
Variant (mit Zeichen)	22 Byte plus Textlänge
Benutzerdefiniert (mit Type)	Anzahl ist von den Elementen abhängig

Beispiele für Namenskonventionen

FRMname	Name der Form	Beispiele
TFname	Textfeld (TextBox)	TFgewinn
BSFLname	Befehlsschaltfläche (CommandButton)	BSFLrechnen
LSTname	Listenfeld (ListBox)	LSTausgabe
KFname	Kombinationsfeld (ComboBox)	KFwählen
OSFLname	Optionsschaltfläche (OptionButton)	OSFLauswahl
MNname	Menübefehle	MNdatei
BEZFname	Bezeichnungsfeld (Label)	BEZFausgabe
FRMname	Name der Form	FRMbenzin

A

Abbruchbedingung 139
Ablaufstrukturen 130
Abschreibungen 109
Adresse 49
Adressierung 49
Anweisungsfolge 139
Arbeitsmappen 54
Assoziation 11
Attribute 10
Auftragsverwaltung 16
Auswahlanweisungen 55
Auswahlstrukturen 132

B

Beziehungen 13

C

caption 127

D

Datenbank 6
Datenbanken 8
Datenbankentwurf 8
Datenbankmanagementsystem 6
Datenbankobjekte 21
Dateninkonsistenzen 16
Datenintegrität 8
Datenmodellierung 8
Datenredundanzen 16
Datenschutz 7
Datensicherheit 8
Datentypen 24, 124, 173
DBMS 6
Diagrammerstellung 52
DO-WHILE-LOOP-Anweisung 141
Drehfelder 114

E

Eigenschaften 35, 119
Einfügeanomalie 16
Entität 10
Entitätsmenge 9

Entitätstyp 10
Entitätstypen 11
Entity-Relationship-Modellierung 10
Entitytyp 11
Entscheidungsstruktur 132
Ereignisse 35
Excel-Bezugsfeld 50
EXCEL-Fehlermeldungen 172

F

Felddatentypen 172
Finanzierung 90
Formulare 25
FOR-NEXT 144
FOR-Schleife 144
Funktion ISTLEER 73
Funktion RANG 84
Funktionen 61, 155, 161, 163

G

Gewinnverteilung 98
Gültigkeitsregeln 92

H

Hauptprogramme 154

I

Initialisierung 138
Integrität 24

K

Kosten- und Leistungsrechnung 101
Krähenfuß-Notation 14

L

Listenfeld 159

Sachwortverzeichnis

M

Makro 116
Makros 33, 111
Mehrfachauswahl 136
Min-Max-Notation 14

N

Namenskonventionen 127, 173
Normalform 21
Normalformen 17

O

Objekte 8, 11, 135

P

Primärschlüssel 17
Prozeduren 149

R

referentielle Integrität 24
Reihen 52
Relation 17 ff.

S

Schleife 140
Schlüssel 19
Schrittweite 144
SELECT CASE 136 ff.
SELECT-CASE-Statement 136
Selektion 25
Struktogramm 131, 137, 140 ff.
SVERWEIS 69, 116

T

Toolbox 34

U

Unterprogramme 154
UserForm 125 ff.

V

Variablen 124
Variablenparameter 152
Variablenübergabe 152
VBA 116
VBA-Programme 119
Vereinsverwaltung 41
verknüpfte Tabellen 67
Visual-Basic-Objekte 119

W

WENN-DANN-Funktionen 55
WENN-DANN-UND-ODER-Anweisungen 98
WENN-Funktionen 62
WENN-ODER-Anweisungen 60
Werkzeugleiste 127
Wiederholungen 139

Z

Zähler 144
Zielwertsuche 76

Illustrationen: Claudia Hild, Angelburg